一个人在职场上的成功，至少有一半的功劳都归于说话的技术

说出职场
好前程

王佑尹 · 编著

华夏出版社

图书在版编目（CIP）数据

说出职场好前程 / 王佑尹编著. —北京：华夏出版社，2012.4

ISBN 978-7-5080-6739-1

Ⅰ．①说… Ⅱ．①王… Ⅲ．①人际关系—口才学—通俗读物 Ⅳ.①C912.1-49

中国版本图书馆CIP数据核字（2011）第251479号

出品策划：
网　　址：http://www.huaxiabooks.com

说出职场好前程

编　　著	王佑尹
责任编辑	陈文龙
封面设计	思想工社
排版制作	思想工社
封面图片	华盖创意（北京）图像技术有限公司
出版发行	华夏出版社
	（北京东直门外香河园北里4号　邮编：100028）
经　　销	新华文轩出版传媒股份有限公司
印　　刷	三河市汇鑫印务有限公司
开　　本	720mm×1020mm　1/16
印　　张	17
字　　数	215千字
版　　次	2012年4月第1版　2012年4月第1次印刷
定　　价	29.80元
书　　号	ISBN 978-7-5080-6739-1

第一篇

角色口才学：
按"角"说话，工作中无往不利

第一章 / 对同事：以理服人做"好人" /

第九章 / 构建人脉：真诚铸造情感人脉网 /

第十二章 / 赞美口才：适时鼓励，让人奋力前行 /

第一篇

角色口才学：

按"角"说话，工作中无往不利

平时，你是怎么说话的呢？同样一个意思，对父母说时，和对兄弟姐妹说时一样吗？同一句话，可以这样对同事说，那么是不是和领导说时，就要换一种方式呢？这就是角色在其中所起到的作用。

　　在职场上，我们说每一句话都要小心，它很可能就成为某些关系恶化的导火索。所以，明确自己在职场中的角色，把每一个角色都演绎得恰到好处，才能和谐职场的人际关系，积累下更广的人脉资源。

第一章
对同事：以理服人
做"好人"

01

林肯的第二封信法则:

少抱怨才有大人缘

　　虽然有科学表明，抱怨是一种发泄减压的方式——把承受的压力和积压的不满发泄出去，能减轻心理上的负担——但是，在职场当中，把工作中的压力与抱怨在办公场合对着同事发泄出去，只图一时的痛快，会在此后带来更多的麻烦，形成更大的职场压力。

　　如果你是一个爱抱怨的下属，那你可知道，在对较高端的公司管理层——部门经理、老总等——的问卷调查中发现，他们经常被客户、同事、下属抱怨得心力憔悴？针对好抱怨的下属，他们通常最直接、最常用的解决手段就是——想办法将其裁掉！

　　你觉得你只是发两句牢骚，却很有可能丢掉工作。而要问为什么抱怨是被裁员和被迫跳槽的直接诱因，首先从自身想一想：如果身边有同事对你抱怨，是不是会让你工作情绪不佳？同时，抱怨本身也会让我们失去工作动力，心态消极，对工作产生应付心理，结果业绩出不来，并且影响团队的士气。

　　因此，在领导看来，员工的这种抱怨在一定程度上是对集体缺乏忠诚度的体现。因为很多有抱怨的员工往往都抵挡不住其他机会的诱惑，在集体面临困境的时候，消极对待工作，甚至跳槽脱离集体。所以，如果你是领导，你不裁掉爱抱怨的人，那你裁掉谁呢？一旦有人可以替代爱抱怨的人，或是不需要爱抱怨的人了，领导就会找机会首先把爱抱怨的人裁掉。

////【经典案例】///////////////////////

一天，林肯正在批阅文件，美国陆军部长斯坦顿突然怒气冲冲地闯进他的办公室。正在生气状态下的斯坦顿看上去全身上下都像在燃烧着火焰，他控制不住地喊道："有位将军竟敢对我出言不逊，他竟指责我说我偏袒手下，真是岂有此理！这是污蔑！我的属下，我想怎么对待就怎么对待！"

林肯看到斯坦顿如此生气，反而平静地说："那为什么不痛快给他个教训呢？快，写一封信，一定要严厉地回敬他！"

斯坦顿立刻接受意见，写了一封措辞激烈的信，拿给林肯过目。

"棒极了，干得好。"林肯拍案叫好，"要的就是这个！真写绝了，太过瘾了，斯坦顿。"

斯坦顿听罢把信叠好装进信封，准备离开。

"你要干嘛？"林肯问。

"去寄信啊。我写了信当然得寄出去。"斯坦顿还有些气哼哼的。

"别着急。"林肯认真地说，"不如再写一封，用另一种方式来说清楚这件事。如果只是问责，恐怕不足以说服对方呢，还得有一个解释的方案才行。"斯坦顿只好重新坐下来照做，这一次他所写的第二封信言辞就没那么激烈了，并且在中间的时候一度停笔，很迷茫地问林肯："是不是我的做法的确有让人误会的地方？"

林肯一下子会心地笑了。这就是林肯的第二封信法则。

林肯对待职场焦虑和抱怨的方法无疑是聪明的。抱怨在心里就好，不要轻易对人发泄出来。我们都知道，在职场中好人缘相当重要，好的人缘不仅便于我们日常工作的开展，还可以在关键时刻获得来自同事的帮助，学习到更多的东西，作出更好的成绩。但倘若喜爱抱怨，将怨怼表现出来，即使事后解释说自己是对事不对人、心情不好云云，恐怕也很难将说出去的话、发出去的脾气收回。而倘若还不自知，那情况更糟。没有人愿意和爱抱怨，爱将责任推到别人身上的人一起共事。与同事之间共事，首先就是要一起解决工作上的难题，而不是互相指责、抱怨。所以，我们应当少抱怨，表现出自己的承担性。

/// 【问题案例】 //////////////////////////

　　艾米供职于一家跨国公司的内勤部门。由于公司员工众多，每天的消耗也多，所以艾米每天的工作就好像是在应对一些琐事：一会儿那边宣传部门来要胶水，一会儿这边文员喊着没有打印纸了。艾米对这种情况感到厌烦，但她的工作本职就好比公司的管家，不做又不行。于是，艾米就常常发牢骚。

　　比如这天，刚交完水电费，财务部就有同事又来取要部门办公需要的笔和纸张等耗材，艾米就很不高兴地说："前天不是刚取过么？怎么你们部门事情就这么多！"

　　说完话，艾米赌气地拉开柜子，把东西甩在桌子上，财务部的同事很尴尬，但没说什么就走了。

　　没过一会儿，策划部的同事又急急忙忙地冲进来："艾米，艾米，我们办公室里的打印机不知道什么时候坏了，搞得现在新文案做不出来……"艾米表情恼火地听着，边填写保修单边嘟囔："这才几天啊，又坏了！"结果让对方站也不是，坐也不是。

　　终于，到了一年一度的年终评选，熬了一年的艾米满以为自己在这段时间内工作那么勤恳，优秀员工的称号和年终欧洲七日游必定是自己的。没料到，在民主投票评选过程中，她的分数远远不够标准。

　　于是，艾米很费解：自己的工作一直做得不错啊，他们有问题都通过我来解决，可是大家为什么又不认同我呢？

⊙好的人缘不仅便于我们日常工作的开展，还可以在关键时刻获得来自同事的帮助，作出更好的成绩。

【案例分析】

注意你是否有这种情况——不是不努力工作，也不是不乐于帮助他人，但总是在工作或者帮助别人的时候，不由自主地说一些牢骚话。在职场中，这样的人很容易出力不讨好，工作再努力也难以赢得众人的欣赏。面对同事时，我们务必要把握好自己的"好人角色"，不要让这样的小细节毁掉你辛苦建立的人缘。

牢骚就像是一种病毒，每抱怨一次，周围的人就会连带染上不良的情绪。他们也许一时不会表现出来，但会在内心不由地远离你，甚至怨恨你、敌视你。牢骚招致与同事之间的不和，这是件完全没必要发生的事情，像艾米，就是败在这一点上。

/// 【高手点拨】 /////////////////

1. 不要用牢骚来解决问题

不论是在职场中还是在生活中，我们都会遇到一些不尽如人意的事情。这些事情让我们感到身心疲惫，即使事件本身并不是多严重的事情。所以，其实更多的时候，我们是被自己的焦虑给击败了，于是出现了抱怨，也出现了牢骚。

但是需要注意的是，牢骚本身并不能解决任何问题，相反只会损害自己的声誉，它不会带来同情和关心，也不能平息怒火和焦虑，反而会引来他人的轻视。总是在办公室里发牢骚，会使你的职场人缘日益下降。

2. 试着写第二封信来发泄焦虑

在职场中，我们有时会因为上级对自己的不公而焦虑，或者是看不惯职场中的某些事情，可是我们又知道，在办公室里不能用牢骚来宣泄自己的情绪和压力。但一旦我们有了情绪上的压力，又该怎么办呢？不妨像林肯学习，先写一封信给你想要抱怨的人，也许第一封信措辞很激烈，那接着再写一封，一直写，直到你的情绪平复下来。你会发现，这么做是的确有用的，你的情绪在写的过程中发泄出来之后，甚至还会找到解决办法，并且更加不会因为再有情绪问题而伤害与同事之间的和气。

3. 让以理服人取代抱怨

既然抱怨无法解决问题，那么出现问题具体又该如何解决呢？有一个词叫"就事论事"，我们在试图解决某个问题的时候，不妨谨记这一点，对事不对人，同时又"以理服人"，用道理来说服他人、解决难题；如果超出了自己的能力，那就求教于其他同事或者上级领导。总之，只有少抱怨，才能成就大人缘。

02

富兰克林的主动示好法：

小心隔阂隔成仇

　　无论在生活还是职场当中，我们都会有与他人想法不同的时刻，因为彼此意见不合，或者其他的原因导致了龃龉。在这时，有影响力的一方就会对另一方造成压倒性的排挤，而这种排挤最重要的影响在于人际网络上。

　　因此，一旦确定了与同事之间有隔阂，那么就要加紧处理。这里的处理有情商上的处理，也有必须是行动上的处理。对于不在自己工作、生活半径内的隔阂，不用做太大的反应，如果之后还有交汇，可以通过情商去慢慢化解；但假如对方与你的生活、工作息息相关，接触频繁，那么最好不要形成僵局。你需要主动寻求破解隔阂的方案，不然，这对职场生涯是很不利的。

//【经典案例】//////////////////////////

　　富兰克林是美国独立战争时期著名的政治家、外交家，他参与起草了《独立宣言》，对美国影响重大。因此，这样一个身居高位的人的主动示好似乎是难以想象的。可是富兰克林做到了，正因为他对他人甚至对对立者的热情，富兰克林才赢得了曾经的敌手的支持和友谊。

在一次地方议会的选举中，富兰克林遭遇了前所未有的困难——当时，一位影响颇广的议员发表了一篇反对他的演讲。这位议员演讲的能力很强，把富兰克林批评得一无是处，这就使得不少富兰克林的选民把票转投给富兰克林的对手了。

按说对方出言如此尖锐，应该是很棘手的问题，富兰克林却轻描淡写地解决了这个麻烦。

这天，这位反对富兰克林的议员演说完毕之后，富兰克林主动走到他跟前，礼貌地和对方打招呼。这位议员却只是不屑地瞥了富兰克林一眼，说："不用和我套近乎，我是不会改变对你的看法的。"

"哦，是这样的，我想您可以帮我一个小忙。"面对对方的轻蔑态度，富兰克林丝毫不以为意，他继续说，"其实我认真地听了您的演说，听到您多次提到一本有关宪政改造的书，感觉得出您对这本书很推崇。而我呢，一直也在思考有关这方面的问题，只是我才疏学浅，没有突破性的认识，希望能够得到一些指点，所以想向您借阅这本书，从中得到一些启发和指点。"

"哦？这个嘛，你的确该多了解些，行吧，明天我会命人送过去。"议员的语气和态度还是不太友好，但是明显有了松动与缓和。

过了一个礼拜，富兰克林把书还给议员，还专门写了一封信，信里写到对这位议员的感谢，以及在阅读了书籍之后的一些疑问和自己的看法。这位议员很快回了一封信，与富兰克林进行讨论。

不久，富兰克林与这位议员再次碰面，议员已收起脸上的寒霜，主动和富兰克林打招呼，言谈间仿佛已极为熟稔。在彼此进一步地交往和了解之后，这位议员成了富兰克林坚定的盟友，直至去世，他一直都是富兰克林的挚友之一。

富兰克林主动的几句话和主动态度，使他少了一个敌人，多了一位挚友。当我们也因为某种原因与同事之间产生隔阂的时候，不能放任隔阂转化为仇视，应该积极主动地作出行动。因为大多时候，出现隔阂是因为彼此之间的不了解，或者是彼此间信息的偏差，只要通过积极的对话，就可能多些了解、少些偏见，隔阂自然会逐渐消失掉。即使政见不合，但仍不妨碍成为朋友，甚至互相影响，至少富兰克林就是这么做的。

///【问题案例】///////////////////////////

长年在办公室里生活，隔阂总是难免，不少职场人士为此苦恼不已。杰斯和琼也遇到了这个麻烦。

杰斯和琼同年进入公司，同事们都戏称他俩是同级生。平日里两人关系也不错，但最近两人之间出现问题，有了隔阂，见面也不主动向对方打招呼了，大家都看在眼里，议论纷纷。

事情是这样的：

杰斯和琼两个月前共同接手了一项工程。工程刚刚结束，杰斯又马上被领导外派，于是临走前杰斯就把汇报的工作任务全部转交给了琼。但正巧琼家里又有事发生，他急匆匆地赶回家处理事务，而把跟领导汇报工作情况的事儿丢到了脑后。等琼处理完家中事务再回到公司向领导汇报的时候，由于粗心，弄错了一个关键部分的数据，而这个数据在杰斯的工作报表里十分重要。总监发现问题之后，立马找来了琼。

"看看你们这报表，是怎么做的？这么重要的数据也能出错？"总监愤怒地质问琼。

"这个数据，我，我再看看……"琼吞吞吐吐地说，"啊对了，这个部分是杰斯做的，我不清楚啊。"

总监立刻把怒火转到杰斯身上，没等他回到公司，杰斯就在电话里接到了总监的严厉批评。自己的工作没问题，却莫名其妙地挨骂！杰斯在弄清楚情况之后立刻给总监回了电话，在电话里仔细解释，才消除了误会。

就这样，同级生二人组之间产生了隔阂，杰斯还在气头上，不肯先理琼。而琼又不好意思，因为杰斯还在气头上，也没有作声。就这样，两人好些日子也没有开口跟对方说过话。

【案例分析】

像杰斯和琼这种情况，职场中并不少见，双方开始共同合作，但在合作当中又产生了矛盾，碍于面子和一些现实上的阻隔，两人僵持着，时间久了，只能使矛盾更加固化，如果还要继续在工作上合作，除了尴尬，两个人心里必然也会有很多工作之外的心思。对矛盾双方来说，于职业生涯都是无益的。

要想打破隔阂的局面，矛盾双方必然有一方要抛开顾虑，表现主动。姿态主动的一方往往有一个好处，那就是在主动寻求方法消除隔阂的同时，还能赢得对方和周围同事的好感。反之，一味地回避问题，对隔阂的另一方置之不理，只能使隔阂越来越大，对工作造成阻碍，久了可能积怨成仇。

所以，既然我们明白在职场上与同事之间是合作的关系，彼此扮演着对方工作伙伴的角色，那么，如果遇见了此类事件，就一定不要让隔阂扩大，学一学富兰克林的主动示好法，肯定会有所收获。

【高手点拨】

1. 反观自身找原因

职场中，想要解决与他人之间的矛盾，正面的态度是首先反省自身是否有什么不妥的地方。正视自己对待别人的态度，看自己是不是在钻牛角尖，一厢情愿地认定对方是在孤立自己。先解决自己的问题，再去解决外部问题。

2. 异中求同寻和解

在找到与同事隔阂的症结之后，我们还应当有一个正确的态度和心态。职场中，我们应当抱着解决问题的态度去与同事和解，抱着解决问题利于工作的想法去与对方沟通。确定了这一点，那么我们就能够对对方的想法有某种程度的宽容，在彼此之间的不同之中寻求共识，从而能够顺利地进行工作。只要平和地向对方表达出这一点，相信对方是能够理解的。职场并非血雨腥风的个人拼杀，而是讲求合作协调的集体作战。

3. 对人际关系客观认识

无论是在生活中，还是在职场中，我们都会遇到各种各样的人际关系，有的甚至让人觉得匪夷所思，莫名其妙。比如，对方表示就是看不惯你，就是不喜欢你，就是要排挤你。无法沟通和解，你似乎只能承受。那么这时候我们就需要明白两件事——

首先，一个人生下来不是为了取悦他人。有人讨厌你、排斥你，同时也会有人喜欢你、亲近你，这些其实都是人之常情，正如偶尔你对别人也会产生莫名其妙的亲切感和恶感一样，只是我们的修养让我们不会那么明显地表现出来。

其次，对于毫无道理可言的排挤、隔阂，我们应放宽心对待，不要再继续刻意放大彼此的不对，不管是在自己心里还是在和对方的关系之中，做好自己的事情，保护好自己就可以了，其他的就交给时间去处理好了。

3

柯立芝的"肥皂水"理论：

指点同事错误要婉转

柏拉图曾教导弟子说："当你在指导他人时，不要使对方感觉到正在被指导。当你需要指出别人所不知道的事情时，要使他感到你只是在提醒他一时忽略了这件事情，而不是直接地去教给他，你不可能教会他所有的事情。"

/// 【经典案例】 ///////////////////////////

1923年，卡尔文·柯立芝入主白宫，成为美国总统。

柯立芝总统以少言寡语而出名，至今仍流传着不少其"沉默"的笑话，于是有人又戏称他为"沉默的卡尔"。

但就是这样一个沉默的人，也会有出人意料的时候。

在总统办公室里有一位年轻的女秘书，人长得十分出众，个人装扮也十分精心，可能就是因为分心，因此在工作中常常出错。

一天早晨，这位女秘书因为工作的事照例走进柯立芝的办公室，柯立芝早已等在那里，女秘书一进来，柯立芝便对她说："哇，今天你穿的这身衣服真漂亮，非常非常合适，你看上去非常美丽。"

从"沉默的卡尔"口中冒出的赞美，让女秘书受宠若惊。在女秘书高兴的时候，柯立芝又平和地说道："因此，我有理由相信，这么美丽的女士，处理公文也能做到同样漂亮。"

柯立芝的建议让女秘书十分乐意接受，从此她工作十分认真。自那天起，这位女秘书处理的公文就鲜有错误。

柯立芝的一位朋友听说了此事，感觉很好奇，便问柯立芝："这么巧妙的方法，你是怎么想出来的？"柯立芝不无得意地说："这并不困难，你注意过理发师给人刮胡子吗？理发师先要给人涂上肥皂水，为了胡子刮起来的时候不使人感到疼啊。"

柯立芝的这种"肥皂水"理论看似简单，可实际应用起来却又有十分普遍的效用，可以说是屡试不爽。我们都不喜欢被人指点，同样，别人也不喜欢被人指手画脚的感觉，更别提被人斩钉截铁地否定了，因为那会伤害到自尊心。因此，我们在要指点出同事的错误时，不应大声声张，也不应强作要求，而要讲求策略地使对方在不知不觉间接受指点。缓冲式地表达出你的要求和意见，这也正是柯立芝的"肥皂水"理论。

/// 【问题案例】 /////////////////////////////

直率是人性最本质的表现之一，然而人们究竟是喜欢直来直去的表达方式，还是喜欢委婉的呢？设想一个人和另一个人在交谈，一方总是强硬地纠正另一方话里的错误，那么这场对话恐怕很难有良好的气氛。因为纠正错误的一方对另一方态度强硬，给对方的感受是高高在上，被纠错的一方感到在被人教训。通常很少有人能有足够的涵养将这样的对话维持在一个友好的气氛内，哪怕纠错的一方是好心恐怕也不行。

关于这一点，我们可以看看汉考克的教训。

汉考克是个非常固执的人，固执到每天早起刷牙用一样的拍子，然后每天准时8点踏出家门，快步走上25分钟，到达公司。其间，他会在报摊上和老鲍勃打下招呼，取走今天的报纸。

汉考克说话也是一样的固执。他进入公司工作快十年了，可是这近十年里，只有刚进公司的那几年，周围的同事还会和他聊聊天。但渐渐地，其强硬的对话方式让所有同事都逐渐对他产生反感，进而远离他。所以到如今，同事和他之间的交流只限于上下班时的打招呼，还有公事的讨论。

以下是这一天里汉考克和珍妮的对话：

"早，汉考克！"

汉考克刚到公司，坐在门边的珍妮就主动向他打了招呼。

"早，珍妮。"

汉考克一边打招呼，一边却头也不回地走向自己的座位。突然汉考克又转过身来："珍妮，今天我的行程有什么安排？"

"嗯，我来看看。"珍妮拿出她排的日程安排。

"是这样的，今天有两个客户要回访，还有一家合作公司的小型会议。再有，就是上个工程出现了一些小问题，这些问题很可能需要你去解决。"

汉考克没有说话，面无表情地回到自己的座位，然后背对着珍妮留下了一句话："珍妮，你得清楚你我的职责。上次的工程错不在我，而且，我觉得你的行程安排有些问题——按你的路线，我今天必须从城市的这一端跑到另一端，然后再跑回公司——这很让人恼火。"

"好吧，好吧。你要觉得这行程可能有些问题，那为什么你不去跟老板说说呢？"珍妮说完这话，就不再理汉考克了，但整个上午珍妮都处在汉考克带来的恼火之中。

　　⊙我们在要指点出同事的错误时，不应大声声张，也不应强作要求，而要讲求策略地使对方在不知不觉间接受指点。

【案例分析】

　　从汉考克和同事珍妮的对话里，我们清楚地看到汉考克的语言表述是如何强硬，这也就不难使我们明白为什么汉考克在公司里得不到同事的喜欢了。汉考克在与同事珍妮的对话当中完全没有顾及和考虑对方的感受，直接提出异议，使人恼羞成怒。

　　事实上，在我们与同事长期相处的办公室环境里，很容易看到汉考克的影子。有些人总是习以为常地对同事所犯的错误指指点点，全然不考虑对方可能会有多难堪，这样的人怎么能得到同事的好感呢？对待这样的人，大家会避免同他说话，因为与这样的人说话抵得上一场搏斗，没有愉快的气氛，也很难从他的话里得到指点，因为大多情况下和这种人对话会不由自主地只顾着生气。哪怕是真的出现了错误，这种直截了当的"攻击"方式也不会对同事产生太多的助益。

　　角色的不同，说话方式的不同，会让听者有截然不同的接受度。如果想要给同事真正的建议，居高临下的指点是一定不行的。不妨学一学柯立芝的"肥皂水"理论，这种理论至少可以让你在职场对话中不会伤害到同事的自尊心。

【高手点拨】

1. 明确目的再开口

　　职场中讲求团队协作，其他同事可以说都是我们的合作伙伴。因此，当同事在工作中犯了错误，我们也有责任和义务及时发声提醒和阻止。但就在我们开口之前，要先弄清我们的目的。

2. 旁敲侧击提示法

　　首先，我们的目的是为了防止工作失误给集体带来损失；其次，我们不愿意看到同事因为犯错而受到问责，如果这本是可以避免的。在明白这两点以后，我们才去对同事作提醒。

我们不妨从工作伙伴最在意的人或事物入手，去循序渐进地进行说服。比如，你的工作伙伴已经结婚，有了家庭，甚至即将有自己的孩子，那么不妨从这些入手，晓以大义，让对方放弃有风险的行为，这样才可能取得较好的效果。

3. 借力打力，先褒后严

你了解你的工作伙伴，他是一个较为自主且喜欢冒险的人，凭着这份精神，他先前有过几次成功的经历，但这一次的确是一个很有风险的事情，而他就是看不到，那么该如何劝服这种人，向这种工作伙伴提意见呢？

不妨先迎合对方的自尊心和信心，赞赏他的眼光和魄力，表示让他帮自己参考一些想法，然后直接说出自己的想法的好处，以及如果不这么做的后果，让对方能够主动联想到自己的想法的问题，从而作出改正。

04

戴尔·卡耐基的引导思考法：

有效建议远胜指指点点

"你对自己的想法不是总比对别人的想法更有信心吗？那么，把自己的意见硬塞给别人应该不是件聪明的事吧！如果只是做个建议，再让别人去想出结论，不是会更明智吗？"这句话出自著名的演说家、人际关系大师戴尔·卡耐基之口。

众所周知，戴尔·卡耐基是西方现代人际关系教育的奠基人，他所开设的训练班使无数平凡的迷茫者重新燃起了斗志和希望。他的几部著作，被西方人看作是社交技巧的"圣经"。戴尔·卡耐基自身的成功，更告诉了人们方向在何处，明确地指出了要达成目标的方法。他提出的引导思考的方法便是其中之一。

/// 【经典案例】 ////////////////////

安东尼同样是公司的老员工，不过他和鲍勃不同，尽管也是位老人，安东尼却很愿意和新人聊天，办公室里的年轻员工和安东尼都有说有笑的。并且安东尼在说话时很少会很强硬地表达自己的意见，更多的时候他是给别人提议，让对方接受。

这天早晨，安东尼刚来到办公室，史丹就兴奋地跑到安东尼的面前："嘿，昨天晚上的比赛看了没？野马队的小伙子真像一匹野马，对方完全被他甩在了身后……不是吧，你没看？那可是你的损失了！"

安东尼笑了笑，没多说什么，一边收拾自己桌子上的文件，一边问史丹："对了，新的工作计划出来了么？有没有我的？"

"有，在这呢！"史丹说着立刻帮安东尼拿来计划表。

"哦，谢谢，我来看看啊。"安东尼看过自己的季度安排之后，稍稍有些皱眉，"嗯，史丹啊，这个计划还是初定的吧？"

"是的。"

"你看啊，是这样的，下个月我有几个很重要的客户的反馈活动，这些人都是公司的老客户，而且交际圈子都很广，所以你看是不是能把下个月里的这次出差延后一段时间？并且这是个新客户，我与其还没有来往。或者你可以换一个人来经手这个任务。"

说着，安东尼看了一眼办公室的另一侧，"史丹啊，你看，是不是把这个任务分配给琼斯，她现在好像急需完成任务量。这样一来，美女肯定会对你感激不尽的。"

安东尼话刚说完，史丹就面露微笑，对安东尼比了个称赞的手势，在计划表上稍作修改，跑到琼斯那边邀功去了。

///【问题案例】////////////////////////

下面我们看看同一个办公室里另一个人的不同做法，做一个效果对比。

鲍勃是公司里的老员工，再过几年就可以申领退休金，这也成了鲍勃引以为豪的事。因为是公司里的老人，对公司有过长时间的贡献，所以在面对同事时，鲍勃的话里少有客气的时候。

　　"鲍勃，这是这个季度小组的工作计划，你看看你的部分，有没有撞车的地方？"年轻员工埃迪拿着一份计划来到鲍勃的办公桌前，跟他核实。

　　"哦，小埃迪啊，拿来让我看看。"鲍勃大大咧咧拿过计划书，看了几眼之后，表情变得严肃起来，"不对吧，埃迪。要知道下个季度我的主要任务还是负责之前的工程，这个工程是我个人现阶段最重要的工作。但是你看看，现在这个计划里怎么给我安排了这么多市场勘察和客户反馈的工作？我哪有时间和精力做这些？要知道，我来公司二十多年了，这种计划我还是第一次看到。"

　　听着鲍勃的话，埃迪又尴尬又恼怒，却说不出口，转头走回自己的座位，一天没有吭声。

【案例分析】

　　通过对比，我们很容易看到，安东尼说话更有策略性，也更柔和，使人容易接受。相比之下，尽管也是在提意见，鲍勃说出的话却让人大动肝火。谁优谁劣，不言自明。

　　"和谐的人际关系必须要有弹性，不能过于生硬，在对话过程中，不能把自己的想法强加给别人，应该转而用更温和的方法让别人接受你的意见。"戴尔·卡耐基的这种引导思考法，在职场上有着广泛的适用性。要知道，办公室是一个相对封闭的交际圈子，在这个圈子里人与人彼此相熟，但大多数人在有着共同爱好的同时，也有着共同的弱点。其中需要我们格外注意的就是自尊心或者说是面子问题，大多数人都尤为注意这一点。因此，在办公室里的对话，不应有强硬的指示施加，取而代之的应当是柔和的建议。

//【高手点拨】////////////////////////////

1. 专业的态度是敢于提出异议

职场中大多数人际关系的产生和转折都与工作事务有关联。大多数人也都懂得在工作中应当凡事以工作为先、集体利益为先。但是当出现问题，需要表达观点、举手表决、提出异议的时候，人们又会抛开这一点，变得畏缩起来。放弃对集体和他人的提醒与贡献，也就是放弃了自身的发展。

因此，专业的职场态度是敢于提出异议，不置自身及他人于不利的职场环境，为集体的改善作出积极的贡献。

2. 尊重、平和的态度是先决条件

无论你是职场新人还是老人，也无论你要提意见的对象是新人还是老人，都应当给予对方足够的尊重。因为尊重会让对方感到是在平等的情况下接受你的疑问，对方会愿意去思考并积极作出应对和改变。试想我们被人提意见，肯定也不希望有人让自己难堪或者尴尬。所以我们有理由采取平等、尊重的态度去与对方就问题进行交涉。

3. 引导之前先思考，建议之前先引导

提意见的方式有很多种，而如果想做得更好，不妨在向同事提出意见之前思考一下解决的方案。这样既不会影响对方的工作，也不会破坏自己的计划。

当然，一个集体内每个人都是各司其职，委婉地表达了意见却直截了当地提出自己的方案，恐有对别人的工作指手画脚之嫌，显得不尊重别人的工作。因此，在给出处理意见之前去引导对方思考会更好。

第二章
对领导：以柔感人
做“忠人”

01

戴维·弗洛姆的炫功教训:

话里少说"我"

　　如果你仔细留意就会发现,那些善于表达、擅长社交、很会与人沟通的人,话里通常很少带"我"字。

　　在美国主持界,有一个"话球"的概念。即把对话比作是在传接球,需要对话的人彼此配合,才能很好地进行下去。如果你作为对话者之一,那么你就必须在适当的时间接住"话球",并且不能让话停在你即将接手的点上,还不能反复地提到"我"——那只会使对话的另一方把"话球"抛开,使对话中止。

//【经典案例】////////////////////////

　　把"话球"的理论应用到职场口才中,就是要在和领导的对话中,少说"我"字,尽量凸显领导的地位,把功劳让给领导或者是团队,这样你拿了实际的功劳,领导得了虚荣和面子,正是皆大欢喜。

　　职场新人杰森就是凭借这一点,赢得了同事的认同和上司的赏识。

　　杰森毕业于英国一所名校，在学校念书时就是一个风云人物。毕业后杰森进入一家大型企业。刚进企业工作的时候，杰森可以说是一个工作狂人，连宝贵的私人生活时间都被他挪来工作，再加上杰森一直以来就积攒人脉，很快便引起了上司的注意。

　　在进入公司第一年的年会活动中，杰森表现得十分出彩，舞蹈、歌唱样样引人注目，之后就干脆被派作分公司的演说代表。

　　杰森在之后的演说当中并没有反复地提及自己，反而深情地讲述了他刚进入公司的日子："我不曾想象，在一个陌生的环境里能得到这么多人的帮助。尤其是我们的上司弗兰，在我刚到公司的时候，是他引领着我融入公司的工作圈，也是他，给了我工作上的指引和许多帮助。我不想为自己说什么，只想为弗兰这样一位良师益友说上一说，要知道，他可还是个单身汉呢！"杰森的演说很有感染力，引起了大家浓厚的兴趣。

　　在演讲结束后，杰森伴随着掌声和笑声下台，迎接他的是上司弗兰的拥抱。之后的工作里，弗兰愈加信任杰森。两年后，弗兰被调回总公司，在他的大力推荐下，杰森顺利接任了弗兰原先在分公司的经理职务。

　　杰森在演说里不对自身作刻意凸显，而是把团队和上司推到前台，赢得了众人的好感，这应该也是杰森在职场中能够得到他人拱卫与喝彩的原因。

///【问题案例】//////////////////////////

　　几乎每一句话都要把"我"着重提出，在沟通上来讲并不是一个很好的说话习惯。因为这显得过于强调自我，会拉开与他人之间的距离。

　　尤其在职场中，面对同事和下属都要相应地减少主观性语气，面对上司更应如此。上司是一个集体真正作决策的人，过于主观的口气会显得很没礼貌、目中无人、逾矩，从而引出不必要的职场阻力。

在这方面，我们可以找出一个很经典的反面案例，那就是戴维·弗洛姆。作为一名美国的资深作家和社评家，戴维·弗洛姆曾提出了许多经典名词。戴维·弗洛姆还曾担任白宫发言的撰稿人之一。然而就是这么一位搞文字的人，却"我"字当前，因为炫耀，一夜之间被白宫开除。

2002年2月26日，美国总统布什在公开演讲中提出了一个新颖而又有冲击力的概念——"邪恶轴心说"，引来世界范围内的一片哗然。

可就在这一天晚上，撰写布什这份发言稿的戴维·弗洛姆却悄悄离开了白宫。原因就是在布什讲话的同时，戴维·弗洛姆的妻子也同时在群发电子邮件，向所有认识的朋友大声昭告："这个词汇是我先生发明的，总统是借用了弗洛姆的智慧。"

白宫对这个事情很恼火，自然不会留下这样一位只知道"我"而不知道群体的人。戴维·弗洛姆的离开是可惜而又无奈的，一次炫耀，结束了他的白宫生活。

【案例分析】

实际上，弗洛姆所犯的错误是职场上大多数人都会有的——炫功——只是不同的人表现程度各有不同而已。

职场竞争的本质是对人员能力的考核和比较，所以一旦有了功劳，就不会缺少奋勇当先、揽功于身的人。但这样的人实际上很难得到领导和同事的喜欢和尊重，很可能会像弗洛姆一样被开除走人。

将杰森和戴维·弗洛姆的不同职场境遇进行比较，给我们带来一个很好的提醒——别总事事把"我"放在前，那会让人产生一种疏远感；并且在特定的时候，过多地抢功、谈论和表现自己，反而会让自己暴露出更多的问题。

/// 【高手点拨】 //////////////////////////

1. 多说多错，少说反而显出多做

一名优秀、合格的职场中人的重要表现之一是集体意识。现代职场讲求集体合作，没有集体荣辱观的人，会成为不稳定因素，不能算作是合格的工作伙伴。

也许有人说个人的高调是一种宣传自身的方式，但是，你在进行个人宣传的同时，也会让别人对你更加挑剔，即使你本身没什么问题，但这种过于自我的行为，会遭到其他工作伙伴的反感与排挤。这样，你在集体中与他人合作的工作还如何展开？宁愿少说，反而显得你已经做了很多。

2. 隐藏"自我"而非隐藏"自我价值"

在职场中，个人切忌将自己放在团队、集体的前面，那是一种不成熟的表现，因为你似乎还没意识到任何一种工作都需要来自他人的协助。然而将自己置于集体之中，这种看似隐藏自我的行为，却并非是对自我价值的隐藏。因为我们仍需要在工作中努力贡献自己的力量，避免陷入只剩下"自我"、而没有自我价值的境地。

3. 赞美他人并非是没有自我的表现

工作伙伴的意义在于你们可以共同面对工作中的困难，在第一时间会为对方呐喊助威、拍手叫好。你们珍惜对方的辛劳，也认可对方的付出。

赞美他人并非是没有自我的表现，反而是最佳的自我体现。肯为他人鼓掌叫好的你显得是那么的从容、大度，对功劳的嘉奖也终有一天会落到你的身上。因为在你关注他人功绩并拍手叫好的同时，他人会感激你，也会关注你的，并等待为你拍手叫好。

02

基辛格的多项选择技巧：

巧提建议让你更获欢心

　　很多职场中人都会在工作中遇到这样的问题：发现公司在管理上存在漏洞，导致部门之间不能及时配合，使得工作受影响，甚至已给公司造成一定的损失。而由于牵扯到不同部门，作为一名员工又无法独自解决这些问题，因而感到束手无策。

　　要不要给上级提意见？如果提意见，合适不合适，会不会显得我在指手画脚？其他同事会不会觉得我多事？我只是个普通的职员……答案是：抛开顾虑，履行你作为集体一份子的职责，去敲你上司的门。

　　诚然，没有哪个管理者真正喜欢经常提意见和问题的下属，但是所有管理者都会欢迎那些能够积极给公司提出有效的建设性意见的人，因为他们协助改善整个集体的管理！所以，把意见和问题转化成建议，是与上级沟通的重要法则。

　　因此，去找上级沟通时，不能只是简单地投诉和提问题——如果只是这样，肯定无法博取上级的好感。那该怎么办呢？这就需要我们静下心来，把发现的问题进行汇总，并分析这些问题会对公司造成的伤害，然后再根据公司的情况提出改进的建议——重点在于如何防止此类问题的重复发生。

在这一点上，基辛格给我们提出了一个很适合的办法。

///【经典案例】///////////////////////

亨利·基辛格，美国当代著名的外交家、国际问题专家，曾任美国尼克松政府国家安全事务助理、国务卿，福特政府国务卿。因为其在调解国际问题上的贡献，亨利·基辛格在1973年获得诺贝尔和平奖。

基辛格的职业生涯就是周旋于本国和他国领导人之间，其赢得良好口碑的秘诀之一就是：绝不提出单一的可行方法，而是提出多项有不同侧重的方法供他们选择。尤其是在重要问题上，基辛格会预想好各种可能会出现的情况，并提前做好相应的解决方案，以便供政要们选择。

在基辛格的自述中，他说道："我常常走进总统办公室，以一种请教的语气开始话题，有些字眼经常出现在对话里：'总统先生，您看这个想法是否……''如果这种情况发生的话……''我们是不是可以这样应对……'所以，我的建议更容易被采纳，成为白宫对外发布的消息。"

///【问题案例】///////////////////////

汤姆斯来到公司已有三年，算得上是"壮年"阶层，接触上司的机会也逐渐多了起来。汤姆斯的上司是集团的高级总监，管理着公司近一半的部门，可以说是个准忙人。

但因为总监的管理方式十分强硬，雷厉风行的作风尽管带动了公司里的工作进度，但也招来了各部门职员的非议，部门里经常会传出有关总监的闲话。汤姆斯听闻后有心把这种情况汇报给总监，希望他能改变一下管理方式，在管理上尽量柔和一些。

　　过了两天，汤姆斯找到了一次小组汇报工作的机会，向总监谈了他的建议，"总监，我来公司也有几年时间了，总是能听到关于您的不好的传闻。我认为，这可能和您工作的风格有关，我的建议是采取柔和一些的管理方式，这样或许非议会少一些。"

　　总监一面阅读工作报告，一面听着汤姆斯的话，脸上的表情渐渐凝重起来，汤姆却还未发觉，还在一味正面地指出总监的问题。

　　最后，总监干脆放下报告，不快地对汤姆斯说："好了，你可以出去了。身为一名老员工，希望你能记得，办公室里并不需要传播流言。"

【案例分析】

　　很明显，基辛格那种委婉的建议风格远胜于汤姆斯生硬直白的进谏。上级与普通职员所处的位置不同，扮演的角色不同，高度不同，所能看见的也不同，想法也不尽相同。职员所能想到的建议，也许是领导考虑过又被搁置的想法，这时候再单单抓住这么一个建议不放，并不能给领导留下多少好印象。比如汤姆斯的上级很有可能明白自己的工作风格过于强硬，但他必须要使自己的工作计划推行起来有力度，因此偶尔就不得不采取强硬的态度。

　　所以，我们应当理解，领导这个角色有时是矛盾的。从某方面说，领导都很要面子，这也是为了维持必要的权威。在这种情况下，建议单一又过于生硬，是不可能被采纳的。建议单一，领导会觉得你工作能力差；建议过于生硬，对话中很可能惹得领导不快。因此，和领导对话，一定要婉转、谨慎、周密，选择一个适当的谈话时机。巧提建议，才能令领导刮目相看。

　　汤姆斯的上司本身就是一个雷厉风行、不太顾及他人感受的领导者，而汤姆斯又采取正面谏言的方式给上司提意见，自然招致了对方的不满与反感，等于无缘无故地给自己的职场生涯蒙上了一层阴云，可以说是不懂说话惹的祸。

向领导进言，不仅需要勇气，更需要恰当的时机和技巧。很明显，在谈论公事的时候，并不适合向上司谈有关流言的话题，这是非常不合时宜的。

在正式的工作场合中，职员和上级之间的角色强弱比较固定，大多的时候，职员扮演的是弱势的一方。作为职员，你可能给你的上级提出了许多建议，这其中有些建议具备相当的可行性，但就是未被采用。这让很多职场人感到苦闷，心里不免生出"办公室里无伯乐"的悲观想法来。为什么会这样？反思一下，你是否像汤姆斯那样没有适当的说话技巧。要知道，像汤姆斯这种不动脑子的说话方式，是会被上级直接否定的。

因此，要想避免犯汤姆斯这样的错误，就必须讲究一些说话的技巧。

///【高手点拨】///////////////////////////////

1. 提建议是职责之一

一个好的领导者会主动要求自己的员工给自己提建议，实际上这也是员工们本身的职责。尽管各司其职，但为了一个集体的利益和荣誉，大家实际上都有义务保证整体方向不会有偏离或者利益不会有损失。因此，即使是一个底层的小职员，也可以对领导提建议。

但需要注意的是，领导与员工的职位相差较大，对于工作的理解和领悟也不大相同，因此员工提出意见的难度可能就会加大。这就需要我们好好"做功课"，这样才能在提意见时，既方式恰当，又很有内容。

2. 对你的领导有一个正确的认识

有一些职场中人会有这种想法：我只是一个小职员，他才是领导，有功劳

◎和领导对话，一定要婉转、谨慎、周密，选择一个适当的谈话时机。

是他的，因此出事情也应该是由他来扛着。这实际上是很不正确、很落后的一种想法。首先，你的领导之所以为一个领导，他肯定是具备一定能力的，有值得你学习的地方。另外，当一个人坐在领导的位置上，因为更容易受到关注，因此必须承受的压力也会变大，这种情况下的领导是强者也是弱者。因此，对领导提意见的时候，务必要小心谨慎，不要触碰对方的"底线"，态度也不能过于随意或者强硬。

3. "请求"的态度

就一个团队来说，领导者往往就是一个领航者，其决策关系到整个集体的发展前景，所以说领导和员工之间都是在各司其职，唯一不同的可能只是领导者的地位和重要性处于众人之上。

在向领导提意见的时候，如果能够突出对方的重要地位，再说出自己的一些"请求"，抱着对集体领袖"依靠"的态度来提意见，领导者往往会慎重考虑。因为他无法不去重视需要自己作出选择的决策，他感到了自身的重要，因为员工们在"依靠"他。

3

鲁滨逊的台下"进谏"法：

注意维护领导的自尊

蜚声美国文坛和史学界的著名教授詹姆斯·哈维·鲁滨逊在《决策的过程》中写有下面一段话，对我们很有启迪作用：

"我们可能会在无意识中改变自己的想法，这种改变完全是潜移默化而不被我们自己留意的。但是，一旦有人站出来，对这个想法进行指正，我们会极力地维护它。很明显，这并不是因为这个看法本身有多么可贵，而是因为这种指正伤害了我们的自尊心……我们总是愿意相信已经习惯了的东西。当这些习惯了的事物被怀疑时，我们会产生反感，并试图找到任何理由为之辩护。结果如何呢？我们所谓的理智、所谓的推理等等，都会变成维系我们习惯的借口。"

鲁滨逊教授的这一番话直指人心。假设我们能把自己一分为二，一个人在继续过着生活，一个人在旁边仔细地观察，就会发现我们身上许多不曾注意过的弱点，而在这众多弱点之中，对自尊的维护，就是鲁滨逊教授指出的弱点。我们对自尊的维护程度远远超过我们的想象，我们会不自觉地使用各种手段、找到各种理由来证明自己说出的话是正确的，尽管有时我们提出的证据并不是那么站得住脚。

　　既然人们大多脱不了这个毛病，那么在办公室对话里，我们就要注意这一点，尤其是在面对领导的时候。领导或多或少地影响着我们未来的职场发展，和领导对话，就要尽量避开能触及领导自尊的内容和场合。那么，我们一方面要少说领导忌讳的事情——这需要我们自己多加斟酌；另一方面，要学会台下"进谏"，维护好领导的自尊，也维护好你同领导的关系。

　　接下来，我们通过两个具体案例的对比，就会发现这种台下"进谏"的妙处。

////【经典案例】////////////////////

　　基恩是位老员工，平时他不多言不多语，却一直都得到主管的信任。同样是临近年底，基恩看到大家都没有什么精神，便来到主管办公室，私下找到主管乔治。

　　"主管，现在也没有其他人，我想提个建议，不知道可不可行？"

　　"好的，你说。"

　　"马上就要到圣诞了，大家都很难把精力集中。我觉得咱们是不是可以搞一次活动，使大家的工作效率能提高起来？"

　　"嗯，是个好主意。不过你有什么想法么？"

　　"我看这样，咱们可以评比下这段时间的业绩额，前几名可以按名次排列，给予适当的假期或者薪水奖励。我倾向于公司给予假期奖励，这样公司不用付出多少实际的东西，而且下面的员工也会很高兴，毕竟大家都有事情需要一些时间来做。"

　　"不错，我考虑一下，你先回去吧。"

　　基恩回到办公室不久，主管就发布了一条新的休假方案：业绩额超过去年同期30%的员工，均可以申领3天以内的带薪假期。这项方案公布之后，办公室里的工作氛围立刻有了积极的改变，而基恩则毫无意外地享受到了额外的3天假期。

艾伦是公司的老员工，资格老，人脉广，所以有时说话也就不注意忌讳。

快到年末了，大家工作的心思都有些涣散，主管亚当有些焦急，就把工作组的成员召集起来开了个内部会议。

"人都到齐了。好的，那么我就简单地说一下。"亚当站在会议室前面走来走去，"是这样：快到年底了，马上可以放松了，我也很高兴，可是越到最后时刻我们的工作进度越不能放松。大家最近的心思似乎都很难集中在工作上，这一点我能理解，但也提醒大家一下，再坚持坚持。"

艾伦忽然插进话来："好了好了，大家都是老人了，这个都清楚。不过临近年底了，大家家里的琐事也都比较多，你看你最近不也是走得比平时早了一些么？"

听到艾伦的话，亚当脸色有些变化，心想：自己最近确实走得早一些，可你这话一说，我后面的会又怎么开呢？

亚当刚想到如何接下话，以堵住艾伦的话头时，艾伦又来了一句："其实，我觉得咱们可以实行临时激励方案。比如大家每人掏出年底1%的分红，集合在一起，看这段时间里谁的表现最好，谁就可以取走这笔钱。大家认为呢？"

会议室里议论纷纷，亚当一个人站在会议室前面很是尴尬。会议过后的一段时间里，艾伦一直被闲置着，找到亚当也只是被他推脱过去。

【案例分析】

通过艾伦和基恩的对比，我们可以看出这种台下"进谏"的方法很有成效，最起码比起把事情摆在台面上让领导难堪要好得多。

人在职场，需要认清领导和自己的角色定位。领导更多的时候是代表整个团队的权威和脸面，维护好领导的面子，也就是在为团队树立好权威形象。所以，在需要我们开口的时候，我们必须要站起来大声说话；在只需要领导开口时，我们可以通过台下的"进谏"，借领导之口表达出我们的见解。这样既获得了领导的信任，自己的意见又不会被埋没，何乐而不为呢？

//【高手点拨】///////////////////////

1. 别破坏领导职能

人在职场，需要有良好、积极的互动，这样职场之路才是活的、有生机的。而这个互动不仅包括与同事的，也包括与领导之间的，也就是说只一味埋头工作是不行的，你既需要发出赞美，也需要发出异议，这是一个人在一个集体内存在的意义。而针对领导这一阶层的人，他们存在的意义很大的部分就是要保有一定的权威性，所以如果要给自己的上司提意见，就一定要注意不要伤害到对方的权威、破坏了对方的职能。

2. 与领导之间的双向选择

好领导一般都会用人，所以只要你提意见的方式和内容都恰到好处，相信你的上司一定会采纳你的好方法、好意见的。并且时间久了之后，你与你的领导之间会形成一定的默契，你们都选择了彼此适应的方式产生联系、交流沟通，并且使得集体利益得到保证。

暗中谏言不仅有助于保全领导的面子，还有助于与同事之间的和谐。太过高调地提意见，不仅让领导没有面子，还很容易被人在背后落井下石、挑毛病，甚至非议。

3. 行之有效的工作成绩

身为领导者，即使能力再强，也难免百密一疏，所以领导忙得不可开交的时候，难免会有错漏。这个时候，不仅需要你提出建议，如果你还能够给出合理可行的方案，让领导认可，那么这就是非常亮眼的工作成绩了。

04

克朗凯特的准确可靠原则：

在话里要告诉领导事情的真相

　　领导者的位置很特殊，他需要看得高、望得远，不能面面俱到，因此身边的事情就必须交给底下的员工去办。领导者影响和决定下属的工作方向，更注重属下办事是否可靠，以及收集的信息的准确性。领导者需要通过分析下属收集的信息，来保证自身和整个团队的工作方向不会出现误差。

　　领导者们通常不会喜欢一个夸大其词的下属，正如下属也都不会喜欢一个只会夸夸其谈的领导。一个连最基本的情况都无法真实掌握的下属，会影响领导的判断出现错误，乃至影响到整个团队的利益。

　　因此，与领导对话时，要注意表达的准确性，因为这是领导关注的部分，要及时给予领导问题的真实答案，这是能否取信于领导的关键点。

//// 【经典案例】 ////////////////////////////

　　对于上世纪六七十年代的美国人来说，沃尔特·克朗凯特这位主持人是他们生活中不得不提的一个人，他们会在每天的"晚间新闻"里看到这位严肃而又可靠的新闻人。自1962年起，沃尔特·克朗凯特在新闻节目中准确报道并评论美国大大小小的重要事件。

克朗凯特是凭借什么征服全美国人的呢？很简单：准确，可靠。这是克朗凯特的勋章。在1963年11月12日，他赢得了全美国人的信任。这一天是星期五，克朗凯特报道了肯尼迪总统在德克萨斯遇刺的消息。整个早上，他镇定地跟踪报道，压下任何没有得到证实的消息，直到他得到确实的消息——肯尼迪身亡——克朗凯特依旧压制住了翻滚的心潮，他努力使报道简单、平静。这并不容易，但他做到了。面对着全美国人，他作出了准确可靠的报道，也是人们此刻最需要的报道。

自此以后，克朗凯特被美国民众称为"全美最可信任的人"。事实上，在许多问卷调查中，他的支持者都远超过了美国政要和各界明星。上世纪六七十年代，风云变幻的时代来临。在这段充满愤怒和分歧的岁月里，美国人坚信：沃尔特·克朗凯特是准确、可靠的代言人，绝不会欺骗他们。

从克朗凯特的经历中，我们可以看出话要怎样说才能取得别人的信任，那就是准确和可靠。人在职场，每一句对话都可能帮助我们交换到需要的信息。因此，工作过程中，不会有人愿意跟你把一场搀杂了太多水分的对话进行下去，更没有人会喜欢一个谎话连篇的人，尤其是对领导层来说。

///【问题案例】//////////////////////////////

山姆是一名推销员，准确来说，他是一家厨具公司的推销中层，他的手下有几个人，规模一直扩大不起来，因为他的领导并不信任他，一直没能给他划分更大的市场。

有一天，山姆来到了一家人力管理公司，请教人力资源专家，想知道自己为什么得不到领导的信任。

专家和山姆分析了一阵，发现山姆的问题并不在业绩或者是能力上，

　　⊙与领导对话时，要及时给予领导提出问题的真实答案，这是能否取信于领导的关键点。

反而是在一些被忽视的细节上，正是这些使领导无法真正地信任他。

"假设现在我就是你的领导，你来找我，做一次月份销售报告。好吧？"为了使山姆更直接地了解到自己的问题所在，专家配合山姆做了一次模拟测试。

"好的。领导，您看，这是上个月的销售表，上面标有全部的数据。"山姆站起来，毕恭毕敬地说。

"哦？你说说，上个月的销售情况怎么样啊？"

"是这样，因为几次商场推销活动都做得非常成功，所以上个月的销售量有了很大的提升。"

"那很好。不过你能告诉我，到底提高了几个百分点吗？"

"这个，这个……我先看一下。"

"不用看了。你自己都不清楚自己的月度销售！你看，这上面分明写着：同比上月提升了2%。可和去年同月份的销售量比，明明是减少了1个百分点。你竟然说是有了提升！"

"是这样啊，这，这……是我们出现了问题，我回去对比一下数据，下午再给您送来一份报告。"山姆垂头丧气地坐下了，心里已经明白了一些。

专家直接地对山姆说："看，你的问题我们找到了。你在向领导报告时，数据一点也不准确，你连在对话中都做不到可靠，领导又怎么会轻易地信任你呢？"

【案例分析】

专家指出的这个问题，不止是山姆一个人的症结，也是许多职场人常犯的毛病。有的人在和领导闲聊时，说话不注意，到了向领导汇报工作时，依然是错漏百出。

要知道，领导需要的是准确可靠的报告，甚至是在平时的对话里，他们也不会喜欢听到许多假话、空话。假话、空话说一次，领导就会失望一次；如果说十次的话，或许这个人就会彻底从领导的视线中消失。总之，和领导说话时，他们更注意的是你话里的真相，这也是我们要注意的。

///【高手点拨】///////////////////////////

1. 踏实是第一要素

在职场中，你应该将踏实做事作为对自己的重要要求之一。你可以不太能逢迎，能力不是非常出色，但是踏实的态度会是你最起码的基础，你需要有。因为一旦你的上级认可了你的踏实可靠，那么他会离不开你，因为他信任了你，他会把一件件的事情逐一交给你，反过来变得依赖你。

2. 真相也需要重点

职场上，每个人评判事务、作出选择的方式和途径也都不尽相同。你不仅要锻炼做事的准确性和可靠性，还要掌握领导者所需要的"真实可靠"，即需要事件真相的重点。这实际上算是领导对你的考验，也可以算作是你与领导之间的磨合。

3. 用自我询问来精进

假如你是一个领导，你会选择什么样的人来相信呢？每天多问自己几次这样的问题，反省自己所做的事情，然后再投入到实践当中。用这种自我询问式的目标激发法，当自身能力被磨炼到一定程度时，被领导重视也自然不在话下了。

第三章
对客户：以信动人
做"诚人"

01

罗斯福的名字记忆原则：

从现在开始牢记每一个客户的名字

卡耐基曾说过："记住别人的名字，而且轻易地叫出来，等于给别人一个有效而巧妙的赞美。"

在工作中，我们除了在办公室内接触本公司的同事、领导，还需要接触与公司合作的客户。面对客户，与其说是一项工作任务，倒不如说这也是另一个职场——外围职场。

如何与客户沟通、交流，并且留住客户，在自己所在的集体与客户之间构建起双赢的模式，是每一个需要面对客户来完成工作的人应该思考的问题。然而很多职场人从一开始就会抱怨说，不知道如何才能与客户建立起平等、友好的关系。

姓名是一种独特的符号。名字受到他人的关注，对每个人来说都是一种莫大的肯定。在记忆名字方面，许多伟人都有着骄人的成绩：拿破仑能记下手下一个无足轻重的火头军的名字，卡耐基能记下数万学员的名字。富兰克林·罗斯福在这方面也是一位典范人物。

/// 【经典案例】 //////////////////////////

众所周知，罗斯福在在任期间，是世界上最忙的人之一。他每天除了要和智囊团商议和处理国家政策外，还有众多的公共活动。可是即使是在最忙的时候，他也会抽出时间来记住他人的名字。

一次，美国克莱斯勒公司为罗斯福精心打造了一辆汽车。当时，克莱斯勒公司总经理张伯伦和数位技术人员随车进入了白宫。

很明显，这次经历给张伯伦留下了终生难忘的印象。他在日记中详细地记载了当时会面的场景：

"这部车里有许多特殊部件，我教给罗斯福总统如何去驾驭它们，而罗斯福总统教会我许多做人的道理。"

"见到总统的时候，他很高兴，立刻就叫出我的名字。说实话，这让我有些受宠若惊。然后，他又对车内的时钟、特制的椅垫、刻有他姓名缩写字母的特制衣箱等大加赞赏——他发现了每一个为他打造的细节，这对于我们的努力是一种莫大的肯定。"

"我还清楚地记得，我的身后是公司的一名机械师。这是一个很害羞的大男孩，见到罗斯福总统之后他一句话也没说。想必他是被这位大人物给吓到了吧。但出乎意料的是，我仅仅在介绍的时候说过一次他的名字，总统就记住了，而且当我们离开的时候，总统特意找到他，与他握手，还一字不差地叫出他的名字……这个小伙子真是太幸运了！"

"几天后，我们收到了总统亲笔签名的合影照片，照片背后还写着我们每个人的名字以及几句总统的感谢的话。这真使我难以置信：这么一位大人物，怎么会这么重视我们呢？"

罗斯福总统为什么能给张伯伦先生留下这么具体而又美好的印象呢？是因为他是美国总统，还是因为他是罗斯福？原因并不复杂，因为罗斯福态度温和，还记住了他们的名字，给人一种受到尊重、被重视的感觉。

作为政治家，能记住选民的名字是种技能。在职场中，在人际交往中，记住他人的名字也有极大的作用。对于客户来说，你扮演的角色可能是一位引领者，也可以是一位误导者，还可能是一位贴心的伙伴。遇见新客户时，要想拉近心理的距离，成为对方可信赖的人，那么记下他的名字就是最简单也最有效的办法。

张洋是南方航空公司的一名空姐。她为人和善，也有上进的打算。她的工作也十分认真，而且她还强迫自己记下旅客的名字，天长日久，她养成了一种记住人名的能力。每次她服务的时候，都会亲切地叫出旅客的名字，因此许多旅客记下了这位美丽的空姐，有人会当面表扬她，还有人会给南航做信息反馈，专门表扬她。其中，有一封表扬信被她们小组一直收藏着，信上写着："其实，我并不经常坐南航的飞机。但是从今天开始，我决定以后只坐你们公司的飞机。你们服务的亲切态度给我留下了深刻的印象，尤其是那位姓张的空乘人员，她的服务使我感觉自己并不是个旅人，而像是回到了家中等待与家人一起开饭。这一点很重要，我认为她应该是你们的优秀员工。"

/// 【问题案例】 ////////////////////////////

记住他人的名字，会给自己和所供职的企业加分。记住他人的名字，就是尊重他人、承认他人的重要性。所以，心不在焉、没有记住他人的名字、不知道这其中的重要性，后果可想而知。

紫妍是一个热情、开朗的女孩，只是有点急性子和大大咧咧的毛病。一次，公司组织同行的几家公司在一起开一个联谊会，紫妍负责这次活动的组织与接待工作。在这次联谊活动中，紫妍认识了很多人。当然，在认识之后，紫妍也总会说一句："很高兴认识你，以后常联系。"而这句话绝不仅仅是客套话，更代表了对他人的一种礼

　⊙遇见新客户时，要想拉近心理的距离，成为对方可信赖的人，那么记下他的名字就是最简单也最有效的办法。

貌和尊重，虽然并不一定要常常联系，但总要记住人家的名字吧，否则，就表示这是一种多么不认真、不真诚的态度啊！这之后，参加过联谊活动的一个公司的经理来紫妍她们的公司谈事情，在去总经理办公室时，正好看到了紫妍，就热情地说："紫妍……"而紫妍则一愣，看着眼前的这个人觉得面熟，但是就是忘了这人叫什么名字了。她只好说："女士……"尴尬了一会儿之后，那个经理说："我来找你们经理谈点事儿，你工作吧！"而谈完事儿之后，这位经理就走了。可是，过了一段时间，紫妍知道了，自从那之后，那位经理的公司就再没有和自己供职的公司合作过。紫妍很懊恼，没有记住他人的名字，公司组织多少次派对都会给别人一种没有诚意的感觉。

【案例分析】

　　面对一个新客户，你们之间并没有多少交往和了解。首次谈话之后，记住他的名字，正是拉近彼此距离最初的也是最关键的一步。下一次碰面，如果你只能含糊地称呼对方"先生"、"女士"的话，即使你有再多交流的期望，也已让人产生了不悦的感觉。因为每一个客户都希望能得到贴心的指导，而不是冷冰冰的公事询问。所以，记下客户们的名字，再带上几句贴心的问候，便会很轻松地拉近彼此的距离，使他对你心生好感。

　　通过上面的例子，你一定知道了记住客户名字是多么的重要。所以，何不每天抽出一点时间把这件事做好呢？

/// 【高手点拨】 /////////////////////////////

1. 名字是第一细节

记住对方名字，这是在职场当中非常必要的待人接物之道。但就是这个看似理所应当的表现，在职场中却因为各种纷杂的事情往往无法完全做到。不仅是名字，还包括对方的职位、家庭等都是很重要的细节信息，实际上都需要我们记住，因为这些都会成为与客户拉近关系的细节。

记住客户的名字，能够体现对对方的印象以及重视——我记住你的名字是因为你给我的印象很好，并且我很重视你。记着对方的职位信息，能够给予与之相等的接待，不会无故怠慢对方。

2. 恰到好处地了解客户

如果你是个推销员，一上来就与一个陌生的客户打交道，甚至是在客户感到被打扰的状态下与其打交道，可能一开始你连他的名字都问不到。那么这时你该怎么办呢？不用惊慌！在与客户打交道中，不排除有这么一种客户，他们很不喜欢在工作中被人打探隐私，家庭之类的事情在他们眼中都是很私密的事情，他们排斥在这方面的交流。这个时候，我们更要显示自己的好态度，争取表现得亲和但不虚伪、热情但不过分。客户感到了你对他的理解和宽待，也会对你产生一种赞赏和感激之情，甚至会主动告诉你他的一些私人信息，比如他们的真实姓名。

3. 给客户一些惊喜

如果说记住客户的名字会让客户感到被关注、被重视，那么如果记住客户更多的细节，则会让客户感到惊喜。这能带给他们些微吃惊的快乐，但也不是惊慌、不安，而是让客户感到恰如其分。这对与客户之间建立良好的合作关系非常有帮助。

02

拉里·金的引导说话法则：

让客户自己说服自己

　　拉里·金——第一个在世界范围内享有盛誉的脱口秀节目主持人，有"世界最负盛名的王牌主持人"之称的"麦克风霸主"。拉里·金作为王牌主持人，除了他温文尔雅的主持方式、善谈的口才以外，他的成功秘诀之一就是引导访谈者说话。

　　拉里·金善于发现访谈者最关注的方面，然后他从这一方面组织问题，使访谈者不自觉地陷入回忆或畅想之中，从而主动打开话匣子。拉里·金的提问也很有特色，他的提问往往一针见血，却并不尖锐，只是指向对方最感兴趣的话题。他的原则是引导对方说话，通过提问和适时的补充，达到了近乎完美的访谈效果。

　　拉里·金的引导说话原则可以广泛地应用到职场中的各种对话中去。因为对话是双向的，而且对话往往是有时间限制的，因此我们不可能一整天什么事情都不做而只是说话、再说话。双方在有限的时间里对话，如果一方话说得多，另一方必然说话就要少。和客户对话，也要注意这一点。

　　你要站在客户的身边，努力使你成为他的朋友。你是在为他支招，而不是从他的口袋里掏钱，所以你的话不能过多，要找到客户感兴趣的方面，引导他说话。客户在组织语言的过程中，其实就是在组织说服自己的材料。化对抗为合作，这就是拉里·金的引导说话原则的妙处。

////【经典案例】////////////////////////

几年前，美国一家著名的汽车制造公司正在和数家合作厂商洽谈下季度的椅垫订购合同。这几家厂商带来了最好的样品，极力争取最高的订货份额。因为价格已经定下，因此他们所比拼的只是货物的质量。

有趣的是，其中一个厂商的代表在路途中染上严重的感冒，他的嗓子几乎咳得说不出话来。谈判开始的那天，这位代表只得带病上阵。他来到召开会议的办公室，办公室里坐满了汽车制造公司的技术和管理人员，包括采购经理、纺织工程师、负责客户反馈的代表，还有总经理。代表站了起来，按照事先准备好的流程要开始作产品推荐，可他只能发出沙哑的声音。他很无奈，只得要来一张白纸，在白纸上着重写下了样品的关键数据，还有产品最吸引人的地方。

总经理取来纸一看，很体贴地对他说："好吧，让我们来看看产品的表现。嗯，这个数据超过了我们需要的标准，客户反馈也很好，似乎是我们想要的东西。"接着，总经理借着这位代表的文案，给办公室里的人做了一个简单的展示。在这个过程中，代表只是不停地微笑，适时地添加了几个吸引注意的手势。

没过一会儿，总经理和几位负责人就得出结论，他们下了数百万美元的订单。厂商代表几乎未发一言，就得到了他工作以来最大的订单。

在这场交易里，代表成功的关键就是运用了引导说话的方法，尽管这并不是他的本意，但取得了远超其预期的成果。

很多时候，展示自己的产品是需要的，但绝不能抢了客户的思考时间。如果你只是自顾自地说个不停，哪怕说得再美妙，客户也只是听听就算了，毕竟每个人心里都有一本账。你得循序渐渐地给客户留出打小算盘的时间，然后通过观察蛛丝马迹变换自己的方式、方向，争取让客户的小算盘算出个让自己满意的结果。

懂得说话的人，这时可以站在客户的立场上多想想，给他提出合理的意见，这样说话不多，却能把话说到客户心坎里。

////【问题案例】/////////////////////////////

小刘最近一直很烦恼，进入公司一年多了，可是他的销售业绩一直提不上去，每个月能保持基础销售额度就算是不错了。小刘很不明白，自己是公认的"王牌口才"，而且工作也不懈怠，一向把准备工作做得很好，每次客户来的时候，自己都会把产品的优点巨细无遗地表述出来，按说应该能拉住客户的，可为什么许多客户听完自己的介绍之后，不买产品光叫好呢？

【案例分析】

小刘的烦恼并不是一个独立的个案，有许多人有着和小刘类似的烦恼。尤其是在产品推销和文案推广的时候，往往自己说了很多，对方却未必会留心，大多是应付着说几声好，但是没有真正地认同。究竟是因为什么呢？客户为何不感兴趣？

实际上，是因为小刘犯了一个这样的错误——自己说得太多，让客户说得太少。

在与客户建立对话之前，我们应当明确自己的定位。一个成功的推销者不会让自己站在客户的对立面，他会去引导客户多说话，了解客户的想法，再针对客户的想法对产品作出推销和介绍。可以说，推销者只是在做适时的回应和补充，最终还是让客户自己说服自己。

/ /【高手点拨】/ /

1. 把话语权交给客户

让客户来说，引导客户说出自己对产品的感受，让客户说出自己的想法、意见甚至不满，这样你才好针对客户的问题和情况作出战略调整。实际上你也不用说得很多，就让客户说，这样客户还会慢慢产生一种权威感，然后会不自觉地作出倾向于产品的选择。

2. 适当作出回应

面对客户时，当客户愿意与你交谈，就表明他有一定的愿望和兴趣。他们再提问的时候实际上是在等待你的认可、你的态度，他们的内心其实早就了解，早就有了答案，只是还不放心，而我们在这个时候要做的就是用最简单的方式打消他们的疑虑，让他们放下心。

比如，一个客户把所有的产品说明书都看了个遍，却还是对你问东问西，说明他是想找出你的错误。如果你足够了解你的产品，正确回答这自不必说，但别说那么多，别让客户反而钻了你的空子。

3. 做客户的伙伴

表现出为客户考虑的态度，会加速客户对你的信任，这种对你的信任也会延伸到对产品的信任。你不仅需要多做产品分析，还要尽可能分析出客户会提出的问题、客户对产品或者项目感兴趣的点，乃至客户的利益所在。这样也都是在引导客户朝倾向于产品的方向上去走。客户会通过对你的了解与信任，自己对自己作出购买要求。

❻3

皮尔斯·摩根的权威树立法：
赢得客户的信任

皮尔斯·摩根，著名的报社主编、电视评委。大众对他的认知始于《英国达人》，在这个节目里，皮尔斯·摩根扮演着三个评委中最严厉、最苛刻也是最权威的角色。虽然很多观众对他的苛刻不满，但事实上，大多数观众是认可他的，就是因为他在节目中表现出来的权威性和专业素养。他可以准确地说出表演者节目的漏洞，也可以说出这类表演的起源，还可以说出表演者家乡的风土人情。总之，这是一个场上的权威，观众都信任他。

皮尔斯·摩根的这种权威树立法，给了我们很好的借鉴。身为一个职场人士，在面对客户时，一定要表现出自己的专业性和权威性来，这是一个自我表现的基础，也是一个令客户信任的基础。所以，在和客户的对话中，关于专业上的问题一定不能出错，要用有力的数据和实际的表现让客户彻底信任你。

记住，皮尔斯·摩根告诉我们：权威，所以值得信任。

一个销售员或者说是一位普通的工作人员，他能带给客户的最好礼物是什么呢？当然不会是损害自己公司利益的建议——那只能败坏自己的信誉，是一种愚蠢又短视的做法。聪明的人该懂得，客户需要的是一个值得信任的人。

下面，我们来看看詹姆斯和威廉的事例，就能对这一点有一个更深刻的了解。

/// 【经典案例】 ////////////////////////////////

　　展示大厅里，威廉为一位男士介绍汽车。

　　"先生您好！想必您对这款车十分青睐，请上车体验一下。要知道，这款车足够吸引世界上一半的男性，它有着完美的速度和造型……车内空间也完全适用，足够放下另一位同伴，尾箱还能放下一整套野外帐篷和渔具……"威廉邀请这位男士上车体验，客户注意到了哪里，他就介绍哪里。

　　"嗯，是个不错的家伙。对了，它的百公里加速时间能达到多少？"男士兴奋地握着方向盘，似乎已经得到了这部车，并且驾驶着它在公路上风驰电掣。

　　"您真是行家。它的百公里加速不过3.9秒，最高时速可达280公里。"

　　"哇哦，那马力呢？"

　　"500匹。还有，它的引擎最高转速可达8500转，十分惊人。"

　　"不错不错，我觉得它在呼唤我。不过，我可能会过些天再过来。"

　　"好的，它很愿意等待您。"

　　过了几天，这位男士再来车行的时候，真的把这部车提走了。

/// 【问题案例】 ////////////////////////////////

　　展示大厅里，詹姆斯为一位女士介绍汽车。

　　"美丽的女士，您好！请看看这部车，这是今年最受市场热捧的车型。当然，这和它出众的设计有关：看看这造型，再看看它的引擎，简直就像是一个能瞬间发出轰鸣的永动机……还有车窗……"詹姆斯边引领这位女士看车，边介绍。很明显，这位女士有些心动，可似乎詹姆斯的介绍并没有完全打消她的疑虑。

　　⊙在和客户的对话中，关于专业上的问题一定不能出错，要用有力的数据和实际的表现让客户彻底信任你。

　　"是这样的，我需要的是一款低油耗、安全性高的车型，而且很关键的一点是它必须要有一个大的尾箱，足够把超市里所有我需要的东西一次搬走！"女士看着詹姆斯，等待着詹姆斯的回答。

　　"是这样的，这款车的油耗并不高，之前购买这款车的顾客没有一个对这点产生疑问的，您稍等，我查下它的数据。再有，它的尾箱也很大，你看看，足够放下任何你想要的东西。"詹姆斯边说边打开尾箱。

　　听完詹姆斯的话，这位女士并没有说什么，很客气地道别了。

【案例分析】

　　通过对比詹姆斯、威廉同客户的对话，我们可以看出，两个人一样有迫切推销出产品的欲望，但是却有一些细微而又重要的差别。威廉明显比詹姆斯显得要专业，他毫不犹豫地告诉了客户他最想要知道的数据；而詹姆斯说得比较含糊，给客户一种敷衍的感觉。

　　要知道，客户就是上帝。客户需要知道一切他想要知道的，那么我们就应该告诉他，而且是用最权威、最专业的水准来应对，使他对你产生充分的信任感，不要给他犹豫和后退的机会。

【高手点拨】

1. 客户想要信任你

　　在与客户打交道的时候，我们需要客户的信任。反过来，客户也需要一个可以信任的人来帮助他们做选择。因此，你首先得了解客户的所需——对你的产品来讲，满足客户的需求才是其得以卖出去的真正优势所在。

2. 客户需要的真实

　　客户就像领导，也需要真实。客户希望你能告诉他们有关产品的真相，或者是买了后会不会后悔。假如客户真的有这种要求，你就要帮助客户面对这种"真实"。在这之前，你需要客户的信任，使他们不会因此而不继续购买产品，那么在这之后，客户只会更加信任你，因为你看起来是那么公允。

3. 你与客户互为权威

客户是你的权威，所以你真诚以待；但同时你也可是客户的权威，你也需要让你的客户知道你想要的东西。如今倡导双赢模式，所以你也要适当让客户了解你的所需，这样双方才能够更加互相信任。

04

乔·吉拉德的 250 定律:

绝不得罪任何一位客户

乔·吉拉德，一个传奇的推销员、演说家。

乔·吉拉德创造了无数个记录:

连续12年被《吉尼斯世界纪录大全》评为世界零售第一。

连续12年平均每天销售6辆车——至今无人能破。

被《吉尼斯世界纪录大全》誉为"世界最伟大的销售员"——迄今唯一荣登汽车名人堂的销售员。

就是这么一位在15年的销售生涯中销售出13001辆车的传奇人物，他生平的第一推销定律就是:绝不得罪任何一位客户。

乔·吉拉德认为:任何一个客户都不是独立的，在每位客户的背后，都大约站着250个人，包括同事、邻居、亲戚、朋友等与他关系比较密切的人。这250人就是要努力争取的潜在客户。

按乔·吉拉德的250定律来算，如果一个推销员在年初的一个星期里见到50个人，只要这个推销员言语中冒犯了其中2位客户，到了年底，由于连锁影响，就可能有5000个人不愿意和这个推销员打交道，因为他们知道一件事:离这位推销员远一些。

抱着生意至上的态度，乔·吉拉德时刻对自己说："你只要赶走一个顾客，就等于赶走了潜在的250个顾客。"

他会专注地把握好自己的情绪，不会因为顾客的刁难、自己的感观，或者是自己心绪不佳等原因而怠慢顾客。于是，每个接触过乔·吉拉德的人，每个和乔·吉拉德对过话的人，都不会拒绝再次同他对话。凭借乔·吉拉德的专业素质，他摇身一变，变成客户身边帮助推荐和判断的朋友。于是，这些客户认同他，又源源不断地为他推荐新客户，从而成就了他的传奇事迹。

///【经典案例】////////////////////////////////

"老伙计，你又来了！自己看看。店里又进了一批货，其中有你最喜欢的奶酪，还有新渔具。怎么样？要不要看看？"罗伯特刚进店里，老乔治就站起来同他热烈地打起招呼来。

"好啊，奶酪还是老牌子的吧？"罗伯特边和老乔治聊着，边选着家里需用的东西。

"当然了，老伙计的东西我怎么能搞错呢！来，看看这个新到的仿生鱼饵，据说有很强的迷惑性，不少专业人士也选它。怎么样？来一盒，咱们哪天一起钓鱼去？"老乔治挥舞着钓竿，指了指新到的鱼饵。

"好啊。这里还有一瓶油、一大盒牛奶和一些菜，都一起算上。"

"很快，很快，一共67美元。"老乔治拿出单子给罗伯特看了看。

"喏，给你！你这老吝啬鬼，从来没有算错的时候！"罗伯特大笑着向店门走去。

"嘿，再见，老伙计。别忘了过些天一起钓鱼去啊，我那纪录你可一直没破过。"老乔治对着罗伯特的背影挥了挥手，大声地喊。

"走了。这次有了新家伙，肯定破你的纪录。哈哈！"罗伯特抱着一堆东西，高兴地往家里走去。

/// 【问题案例】 ///////////////////////////////

"约翰，来一瓶油，再加一个大盒装的牛奶。"罗伯特走进店里。

"忙着呢，自己选去吧，左面第二排！"约翰忙着看棒球，头也不抬。

"好吧，我自己选。说实话，老乔治的东西可比你这好多了。要不是离得近，咱们又是多年的邻居，我宁可多走几步。"罗伯特心有不甘，边走边嘟囔着，只是声音有些大，似乎是特意说给约翰听的。

"去啊，去啊！"约翰脾气一直暴躁，听到这话马上坐不住了，"我就不信他的东西有我的好！你愿意去就去，别在我这晃悠！"

没等约翰话说完，罗伯特就怒冲冲地离开了。

约翰有家自己的超市。在这个小镇里，他唯一的竞争对手就是老乔治。约翰有些想不明白：自己超市里面的货品种齐全，价格又公道，为什么一直比不过老乔治呢？

原因很简单，我们看完了上面两位店主和顾客的对话，就会发现原因所在了。

【案例分析】

这两组截然不同的对话很能说明问题：约翰完全不懂得该如何正确地与顾客对话，硬是把顾客送到竞争对手家去；而老乔治则是一派热情，言谈里分明成了顾客的老朋友，使顾客在不知不觉间多买了东西还高高兴兴地回家去。

简单来看，就是约翰在对话里得罪了顾客，而老乔治很好地规避了这个问题。也许你会觉得，一个客户并不能代表什么，但试想，如果乔·吉拉德也像约翰一样做生意的话，就不会有那许多令人瞠目结舌的吉尼斯销售纪录了。而我们想要接近乔·吉拉德的成绩，想要抓住每一位客户，那么首要的就是记住乔·吉拉德的250定律：不要在言语上得罪任何一位客户。

1. 得罪客户完全没必要

很多与客户打交道的职场中人偶尔都会被客户弄得怒气冲冲，实际上，在你感到怒气冲冲的时候，客户何尝不是呢？然后你觉得你又压下火气和对方相谈，对方似乎也没什么表现，实际上你的客户已经被你得罪了。

你控制不了你的情绪是一方面，除此之外，你完全没必要去得罪你的客户。你的客户是你的工作对象，其需求就是你的工作内容。你应当用专业的态度来看待，你为什么要得罪他呢？根本没有必要。

2. 客户后面还有客户

罗列下你自己的家庭成员和朋友名单，看看假如你对一种产品感兴趣，然后你身边还会有几人对这个产品感兴趣。你是否惊讶地发现，不仅你乐于向你的亲朋好友推荐，他们也乐于接受？当他们在喜爱，或者需要，或者尝试的情况下，他们都很容易受到你的推荐影响。

一个客户不仅仅意味着一项订单那么简单：与一个客户的成功合作意味着你可能会再多好些客户，而得罪一个客户则意味着你会失去好些客户。所以不要得罪客户，哪怕与客户没有合作成功都没关系，但是别得罪他，因为他还可能因为情感效应而介绍别的客户给你。

3. 拒绝给自己留底线

在与客户的沟通当中，不要给自己留什么底线，比如忍无可忍就无需再忍。这是错误的。你的任何一点细枝末节都可能被你的客户看在眼里，因为你的客户也知道你在图他的什么，因此他也就会很仔细地观察你，看是不是要给你你想要的。如果你抱着一种"大不了就损失一个客户"这种不耐烦的心态，那么客户也会主动远离你。

第二篇

攻心口才学：

攻人攻心，交往中抓住他人内心

嘴里说出的话，是耳朵来接收、大脑来反馈的，但是这一过程却由倾听者的感受来决定并作出相应的判断。要想使说出来的话好听并起到相应的作用，在说话之前，就要考虑对方的感受。

　　在职场中打拼的人，更是这样。从进入职场的那一瞬间起，无论是求职面试，还是和客户商谈，或者是平时工作中的待人接物，都要用心。要从对方的心理出发，将对方的心理感受放在第一位。

　　"擒贼先擒王"，与人相处，赢得他人的心才是最重要的。

第四章
求职面试:
攻心一次就成功

01

杰克·卡菲尔德的距离缩短法:

第一句话就打动对方

　　面试技巧也是职场中人的必备技巧,不管你是一个初入职场的新人,还是一个正在转战的老人,高超的面试技巧会让你战无不胜。

　　杰克·卡菲尔德,美国著名作家,同时也是极负盛名的演说家、教育家。他策划的《心灵鸡汤》系列丛书影响了全世界千千万万的年轻人。就是这套《心灵鸡汤》,曾经历过一次特殊的"面试"。

　　在后来的一次访谈中,杰克·卡菲尔德提起这次"面试",仍然感触颇多。

　　"出版《心灵鸡汤》系列的第一本书时,为了能让更多的人接受,我想出了一个办法,就是在各地报刊、杂志上发表《心灵鸡汤》中的一两篇文章,在文章的末尾附上一段丛书的广告,这样一定会有人对我的图书感兴趣。

　　于是,我精心挑选了其中一篇感人的故事传真给了《洛杉矶家长杂志》,并给主编鲍尔曼先生附上了一段坦率的请求:

　　'尊敬的鲍尔曼先生,我是您忠实的读者,这篇文章是我极力推荐的，我觉得它很适合《洛杉矶家长杂志》，它和贵杂志一样有着可贵的品质。我希望贵刊能采用这篇文章，另外我还写了几句宣传《心灵鸡汤》丛书的话，希望它们能够出现在文章的末尾。我将非常乐意寄一本《心灵鸡汤》的样书给您。万分感谢，您的读者杰克·卡菲尔德。'

没想到，几个星期以后，我收到了一封回信，信上写着：

'亲爱的杰克，你可实在让人恼火，你竟然敢在我的杂志上刊登免费广告！不过，我还是忍不住看了你发来的文章，不得不说，这是一篇好文章，我会采用它，顺便加上你那几句宣传的话。致最好的祝福，杰克·鲍尔曼。'

就这样，超过20万的读者看到了这篇文章还有我的广告。很明显，犹豫不决只能错失机会，而坦率地表明来意倒更可能一击即中。"

杰克·卡菲尔德为什么能通过主编鲍尔曼的"面试"呢？不得不说，他是一个非常懂得说话的人。我们看他写给鲍尔曼先生的话，第一句话就简单明了地缩短了两个人之间的距离，他以读者自居，鲍尔曼作为杂志的主编，很明显不会对读者产生抵触情绪，这样一来，之后他再说出请求来，鲍尔曼很容易地就接受了。

对于即将接受面试考验的职场人，这种缩短彼此距离的对话法，无疑是需要学习和掌握的。要知道，在面试当中，面试官大多时候在面试之初就会对面试者有着抗拒心理，无论你表现得有多么好，他们依然会试图挑出你所有隐藏的缺陷。而我们能采用的最好的方式，就是通过攻心的第一句话，破解考官的心防，让他不再对你吹毛求疵，这样你才会有继续面试下去的可能。

【经典案例】

在英国《独立报》上，有一天刊登了一则招聘广告，公开招聘有工作经验和人脉渠道的人。威尔斯看到广告，心动不已。他整理好自己的资料，寄到了《独立报》的邮箱里。几天后，他收到了主管鲍勃约他面试的消息。

"如果能加入这么一个不平凡的团体，在这么一家不寻常的公司工作，我将会感到十分荣耀，相信你们也会为自己的选择而感到骄傲。听说在报纸创办的时候，办公室里只有三五台接线电话，速记员也没有几个，就是你们几个靠着团队的力量把报纸打造成今天的规模。这简直太令人难以置信了，请问这是真的吗？"

"是的。"鲍勃指了指办公室里的一个书柜，"还有它。"

随后，鲍勃滔滔不绝地谈起报纸的发展历程，说起自己当初每天工作12到16个小时，在星期日和节假日依旧不休息，还说了他们是如何克服一个又一个困难的。威尔斯一直专注地听着，时不时地表现出自己的惊讶。最后，谈话完毕的时候，鲍勃站起身来，向着威尔斯伸出手，"年轻人，欢迎你！我想，你就是我们寻找的人。"

///【问题案例】////////////////////////////

小陈接到了招聘公司的面试通知，这天他神采奕奕地来到心仪已久的理想工作地点进行面试。

见到面试官，小陈问过好之后，就说："我很喜欢咱们这家公司，我已经关注它很久了。为了能来这里工作，上学时，我努力学习各门功课，还辅修了很多课程，我一直都是这样用功的，我的同学都很佩服我，学弟学妹都以我为榜样呢！昨天我接到面试通知，特别地兴奋，做了充分的准备工作，希望能顺利地来这里工作……"

后来，面试官又提了几个问题，小陈就走了，回去等通知。但是，几天以后，小陈得到的答复却是："抱歉，公司觉得你不合适，不予聘用。"

　　⊙在面试当中，面试官大多时候在面试之初就会对面试者有着抗拒心理，无论你表现得有多么好，他们依然会试图挑出你所有隐藏的缺陷。

【案例分析】

　　为什么威尔斯能一次就通过面试，而小陈却没有被录用呢？显然，除了他本身的素质以外，巧妙的谈话技巧也为他打开了后续的道路。他抓住了面试官的心理，第一句话就直指面试官最得意、最乐意提起的事情，后面自然就简单多了。而小陈呢？虽然表达了对这家公司的向往，但是却说了一大堆无关主旨的话，都是在讲自己如何如何，没有引起面试官的注意。

　　这就是我们需要在面试的时候注意的。在面试开始之前，发现并想好面试官的心理，用攻心的第一句话迅速拉近彼此的距离。这是面试成功最关键的一步，因为你会惊奇地发现，你面对的不再是一个板着脸、处处为难你的面试官。嗯，多么美好的一件事情。

/// 【高手点拨】 ///////////////////////////

1. 第一印象效应

　　无论你是个新人还是经历过不止一次面试的老人，在去面试的时候都应当注意第一印象效应的深远影响。因为除非特别曲折的改变，否则第一印象是很难发生改变的。优秀的面试表现给人留下的第一印象固然好，但也会给日后的工作带来压力；而表现得差强人意所带来的第一印象，则可能直接导致失去工作机会。所以，给面试者留下的最好的第一印象是——一见如故，即让面试你的人感到与你很投合。

2. 关注对方感兴趣的地方

　　当你去面试一份工作，想必你对这份工作是有一定了解的。如果你特别想得到一份工作，那么对这份工作必要的了解是需要的，比如，这份工作的发起人的一些兴趣等。

　　就一个集体来说，发起人的心血是自不必说的，适当的恭维和提问，会让对方感到很受用，对方感到你关注他的成果与计划。如果你再适当地表现一下自己的才能，那么对方就会很乐意吸纳你进入他的团队。

3. 适当"逾矩"，赢得正面关注

"逾矩"也是拉近距离的好方法。也许有的人会问，我与面试官只是第一次见面，我怎么好问东问西呢？可是为什么不能呢？即使你只是随口称赞一句对方的领带很特别，可能也会给别人留下特殊的印象，引起对方的注意，进而注意到你的才华，这一点是十分重要的。

02

苏茜·欧曼的围绕中心法则：

给面试官一个非你不可的理由

面试过程是一个非常考验人的过程，作为面试者需要特别注意的一点是，除了要完全回答出面试官的问题，还要记住自己所求职业的中心要求，注意面试官的有意"诱导"。

/// 【经典案例】 ///////////////////////////////

在美国，"苏茜·欧曼"已经成为一个知名的理财品牌，而且作为一个理财节目的主持人，她的个人节目也常年保持着极高的收视率。但就是这样一位成功女性，曾经在一个小面包房里当了足足7年的女招待。她的经历很传奇，尤其不得不提的是她进入金融行业的首次面试。

开始，苏茜·欧曼毫无金融专业背景，但她并没有怯懦。她的第一次面试就指向了世界上最大的券商和投资银行之一——美林证券。那一天，她穿着一件蓝色丝质衬衫和一条红白相间的条纹裤，拿她自己的话来说，"当时我就像是穿着一面国旗，走进了美林证券的办公室。"

这幅打破旧例的穿着，使所有的考官甚至美林总裁十分震惊。他们问了她唯一的一个问题："想成为股票经纪人，你为什么要穿成这样？"

　　面对权威的质问，她很从容："那么，女股票经纪人该是什么样？据我所知，女股票经纪人并不多，而国家新颁布的法律规定：'企业一定要保留一定比例的女性雇员。'我觉得我正合适。对于金钱，我十分谨慎，至少我不会犯下荒唐的错误。招聘我，是对公司的负责。"

　　没过几天，她成为了美林的一位投资顾问。

　　苏茜·欧曼传奇的面试，正是因为她抓住了问题的中心才得以顺利完成。显而易见，她不仅有勇气，还有智慧和足够的说话技巧。她围绕着最重要的事情侃侃而谈，而对她不利的因素和无关的事情都被她抛到一边。她抓住面试官的软肋，使他们不得不需要她，这就是苏茜·欧曼教给我们的面试法则——紧紧围绕中心。

　　但事实上，许多人并不知道这一个面试中的法则，也不知道在面试中自己真正需要说的是什么。其实，面试的时候，我们最应该说出口的就是面试官们最需要听到的那一部分，这个部分正是面试的关键。

　　财务公司需要的是诚实、可靠，那么我们就给予他们可靠；保险公司需要的是灵活、机变，那么我们就给予他们灵活；销售公司需要的是销量、业绩，那么我们就展现出业绩来。不同的行业、不同的职位，有着不同的特性、要求，我们要说的就是自己最适合特性、要求的一面。这样，公司需要你，自然面试无忧。

　　下面我们再举出另一个成功的案例，让大家多一些了解。

　　在某个大学举办的校内招聘会上，其中有一张桌子附近围满了应聘的学生。这里发布了一个很诱人的职位——"时尚杂志编辑记者"，也就是说这份工作不仅代表着高薪，更意味着一毕业就踏入时尚界。大多数年轻人可都是时尚的追逐者，此刻，他们成了这份职位的追逐者。

　　不过，尽管有许多人打扮入时，对时尚潮流也有自己独到的见解，可面试官依然看着一份份的个人简历直摇头。

　　这时，有一位相貌寻常、衣着寻常的女同学走入人群。她坐了下来，并没有拿出自己的简历，而是递上了一份时尚杂志。紧接着，在面试官的目光探询下，她不慌不忙地说："请您打开杂志，翻到80页，从这以后一直到92页都是我的作品。我一年前在XX杂志社里担任编辑，兼职工作有近半年，这是当时的作品。时尚界的信息我了解，编辑的具体工作我也可以努力做好。我想，我可以胜任这个职位。"

　　这位自信的学生不过寥寥数语，立刻引起了面试官的兴趣。接着，面试官阅读完文章之后，向她提了几个专业的问题。最后，面试官给她留下了一张名片，名片背后写着：欢迎您加入xxxx杂志社，请在9月30日之前报到。

/// 【问题案例】 ///////////////////////////////////

　　张晓辉上学期间已经收集了所热爱、想要投身的行业的相关信息，也做了一些兼职工作，有些工作经验。在面试时，面试官问他在工作中有没有犯过错误。其实，张晓辉只要说"当然有过。但是我已经在这些地方积累了经验，以后一定不会再出错，会更加积极努力地工作"，这样就很好了。但是他却没有这样回答，而是把犯的什么错误，以及为什么出错，造成了哪些损失，统统地说了，唯独没有在最后表明自己所吸取的经验教训。最后，也没有让面试官看到自己对待错误的态度。面试官看到张晓辉的表现，只是无奈地摇了摇头。

【案例分析】
　　前面那位女同学做到了在面试之前就摸准了职位信息、职位需求，把握住面试官的心理，从而脱颖而出。而张晓辉却在本来有优势的情况下败下阵来。所有的回答都要围绕中心，不能对面试官提出的问题作表面的回答，而是要委婉而快速地转到能够表现自己的价值的方面，让面试官觉得你是公司必须吸收的一个人才。

如今，市场竞争激烈，每年的招聘会上都是人头攒动、熙熙攘攘。在这样的情况下，依靠千人一式的自我介绍，很难吸引住面试官的眼球。而面试时间却只有短短的几分钟，要想在如此短的时间内做到一鸣惊人，就要揣摩出面试官严肃面容后真实的心理，抓住它，这就是谈话的中心。

///【高手点拨】////////////////////////

1. 客观认识自己

在去找工作之前，我们肯定要先了解自己的意愿、想法。问问自己想从事何种职业，工作的目的是什么。只有这样，我们才能进一步发挥自己的长处，而不是像无头苍蝇一样乱找一气，更别提在面试时抓住面试官的兴趣点了。

因此，首先要客观地认识自己，了解自己的想法，制订一定的职业目标和计划，有的放矢，这样才容易取得成功。

2. 足够的自信

其实，进入一个新环境、新集体工作，成熟的HR是不会要求新人一蹴而就的，他们了解新员工进入新集体是需要一定时间磨合的。因此，面试者在面对面试官的时候，除了要表现得足够专业以外，还要表现得足够自信。因为你的专业面试官一时是无法完全看清的，即使面试表现优异，对方也会认为你只是准备得好。但是一个自信的人，那份感染力是无法让人怀疑的。任何一个集体也都乐于接纳一个自信的人加入。

3. 一针见血面试法

常言道，好钢要用在刀刃上。像是找到一个关键点，然后一锤子下去把楔子钉进去，在面试过程中，你表现得够专业、又自信，如果再多表现出一点魄力，反过来就可以镇住你的面试官，让对方觉得非你不可。

③

白岩松的谦虚应答法：

小心赞扬背后的陷阱

悉尼奥运会中，为期半个月的评说奥运，使白岩松在观众的心里赚到许多加分，甚至有不少人毫不遮掩自己对白岩松的喜爱，说："他是中国最火、最睿智的主持人。"

在回国后的一次接受采访中，白岩松回应了这个问题。

记者："这半个月里，你的人气有了相当高的提升，现在的网上还有不少的媒体评论，说白岩松是中央电视台最火的主持人。你如何看待这种评论？"

白岩松没有犹豫，直接回答："我曾经和好朋友开过一个玩笑，说是如果能把一条狗牵进中央电视台，让它每天都能够在一套节目的黄金时段里露上几分钟的脸，不用几天，它就会家喻户晓，成为条名狗。我只是在《东方时空》里做了7年节目，大家能认识我，是归功于中央电视台这个平台，对我来说，这并没有什么值得骄傲的。相反，观众们的关注还给我的生活带来了一些不便，比如说我现在很难享受逛街、逛超市的乐趣了。"

记者对白岩松的提问是带着赞扬意味的，但同时这种赞扬更像是一个诱导式的语言陷阱。所幸白岩松一直都是保持清醒的，他用谦虚和略带戏谑的一个玩笑，点明了自己和中央电视台的关系。这种谦虚的应答无疑是很有效的，一方面使自己规避了树敌的风险，另一方面也通过谦虚的姿态，赢得了记者和观众们的好感。

在我们面试的过程中，很可能会遇见面试官给我们设置的语言陷阱，这时要把话题接过来，又不能过于高傲，如果不知道如何应对的话，可以运用白岩松的这种谦虚应答法，针对面试官的心理，点出优势，规避风险。

XXXX电脑公司招聘技术人员，应聘者大多是潜心研究的技术狂人。其中给面试官留下深刻印象的有两位。

/// 【经典案例】 /////////////////////////

第一位叫霍根，他曾在一家业内巨头的研究小组里担任技术总监。可以说，他曾经领导的一个项目，都顶得上XXXX公司半年的投资额，而且他研究出来的产品很受市场欢迎。

面对这样一个人，总裁拿不定主意。于是，总裁问道："霍根先生，您知道我们公司的规模吗？坦率地说，我不认为我们公司有实力留住您，毕竟您的成绩有目共睹。"

霍根耸耸肩，笑着说："我就知道会是这样。十年前我可还算是年轻人，能拼一拼体能，可现在，你看看！"霍根指了指了他略微显秃的头顶，"很明显，我的年纪大了。贵公司的领导体恤下属，这是圈子里有名的。我可听说，公司的年假足够在欧洲转上一整圈，你知道，这就是我要的。"

霍根话音刚落，总裁迫不及待地站起身，伸出右手："欢迎您。我想，你会发现这里远比传闻中所说来得好。"

/// 【问题案例】 /////////////////////////

第二位叫盖文，是另外一家公司的技术顾问，颇具实力。几位专业人士提出的几个问题，他都轻描淡写地给出了答案。大家都认同了他的技术水平，默默地点头。

就在这时，总裁看完他的简历，闭上眼睛思考了半分钟，然后正视着盖文，对他说："盖文，从简历上和考核中看，你有着天才的思路，有着公司最需要的攻关能力。但是，有一点我不明白，以你现在的技术水平，在大多数研究团队里，你都能担当主要力量甚至是负责人——你一定能找到比我们更好的公司吧？"

"是的，我对我的技术有着自信。"盖文没有退缩，坦白地说出了心里的话，"如果你雇用我，一定不会失望。"

听完盖文的话，总裁并没有急于下决定，他的疑虑一直没有消除：给盖文的薪酬绝对不能低，可是公司能够留下这个人吗？公司又真的需要这样归属感不强的雇员吗？

最终，总裁并没有冒险，只是把盖文的资料放在一旁，给了盖文待定的回复。

【案例分析】

总裁为什么选择同样并不安全的霍根，而放弃掉盖文呢？答案很简单：霍根说的话不多，但就是这几句谦虚、平和的应答，成功地打消了总裁的疑虑。

从领导的心理看，他们都愿意接受可以掌控的员工；而一旦在面试的过程中，员工表现出过强的自我表现欲望，很容易引起领导的猜忌和疑虑。这是我们应该避免的。如果在面试中遭遇面试官或者总裁的质疑，白岩松的这种谦虚应答的方法，无疑是明智的选择。

///【高手点拨】/////////////////////////////////

1. 巧妙回答赞赏背后的疑问

面试当中，我们都希望能够得到面试官的认可。如果面试官不仅认可了你，还给了你赞赏，那这时你就得注意了，要小心赞赏背后可能隐藏的问题。

当面试者觉得你是一个他们需要的人才之后，他们担心的问题就是能否留得住你；而你要是个有潜力的新人，面试官更会担心给别人做嫁衣裳。这个时候，就需要你巧妙地去表达自己想要得到工作的想法，既不能太直接、把话说得太满，也不要耍滑头逃避回答。

2. 除了谦虚还要有力度

在洞悉了面试官担忧的心理之后，不妨在让对方安心的同时，也说出自己的想法与愿望，说不定对方就能够满足你的要求，诸如薪水方面或者其他方面。真实地表达出你的意愿，甚至是条件，会让对方感到真实，对方觉得你可以相信，并且乐意为之付出相等的条件。

3. 坚定内心，避免试探

无论我们有着怎样的职场技巧，无论这些技巧帮助我们渡过怎样的试炼与难关，我们仍要保持一颗踏踏实实做事的心。这样我们无论去到哪里，受到怎样的试探，都不会迷失自己的方向，也不会将技巧运用得适得其反。

04

戴尔·卡耐基的真诚坦白原则：

绕过假话圈套

　　面试是走上职场的一个必经步骤，当年的戴尔·卡耐基也和我们一样，经历了面试官的考核。

　　在国际函授学校丹佛分校的经理办公室里，戴尔·卡耐基正在为一个销售员的工作而迎接面试。

　　负责面试的是主管约翰·埃兰先生，一个颇有风度的中年男子。他看着这位身材瘦弱、貌不惊人的年轻人，不禁摇了摇头——单单看外貌，这个年轻人并没有达到他心目中的标准，最起码，这个年轻人在外表上没有显示出任何对销售有助益的魅力。

　　约翰·埃兰先生并没有直接拒绝卡耐基，而是先问了他的工作经历。没想到，卡耐基完全没有推销工作的经验，这让约翰·埃兰先生更加失望。

　　"接着，我这里有几个有关销售的问题，希望你能认真作答。"约翰·埃兰先生继续提问，"你认为，销售员的职责是什么？"

　　"为消费者了解产品建立渠道，让他们心甘情愿地购买产品。"

卡耐基毫不犹豫地答道。

约翰·埃兰先生微微点了点头，对这个回答似乎很满意，接着问："那从你的理解，你觉得怎样开始和消费者进行第一句对话？"

"'您真是内行！''您的大衣真漂亮！''您有个漂亮的孩子！'……总之，先取得对方的好感。"卡耐基认真地回答，并且假设了一些场景，然后作出相应的对话。

"不错，那么假设我要你把打字机推销给一位封闭的农场主，你要怎么做？"埃兰点点头，忽然提出一个十分尖锐的问题。

戴尔·卡耐基没有立刻作答，而是思考了片刻，然后他正视着站起来的面试官，对他说："很抱歉，先生，我做不到。因为农场主根本不需要这种产品，他们不是公司要开发的客户群。"

埃兰笑了笑，走到卡耐基的身前，拍了拍他的肩膀说："不错，小伙子，你通过了。你会成为一名出色的推销员的，真诚是你最可贵的品质。"

原来，在面试卡耐基之前，约翰·埃兰先生接触了不少的面试者，这些人大多有着自己独到的地方，但是他们在遭遇这个问题的时候，都是想尽办法编造出完全行不通的方法来。实际上，从约翰·埃兰先生的角度来看，这个问题算得上是一个陷阱。他并不喜欢得到虚假的答案，因为这样的面试者未必会忠诚于自己的企业，而且也是在欺骗自己和对方，这是十分不足取的。戴尔·卡耐基说了真话，既表现出了自己的真诚，也展示出自己对于工作认真的态度，于是，他被录取了。

/// 【经典案例】 ////////////////////////

在面试中，面试官最想听到的就是真诚坦白的答案。要知道，能坐在考核的位置上，他们的工作经验和识人之能绝不会低。设置这种假话陷阱，是要考察面试者的品性，如果面试者一味地编造谎言，其实是对面试官的贬低——他们可不会喜欢一个当面嘲笑自己判断力的人。

古语有言："有能推至诚之心而加以不息之文，则天地可动，金石可移。"大量的实例表明，真诚的话最能打动人，包括坐在你面前盯着你的面试官，也包括坐在吉姆面前的面试总监。

这是吉姆的初次面试，他不知道会有怎样的结果。尽管他期待着自己能有个超出预想的好表现，但他并不盲目，他心知自己并没有太多出众的地方，虽然在学校里专业成绩不错，也取得了一些成果，但是却没有实际的工作经验，和之前等待面试的几个人比起来，自己的工作履历上简直算得上是干干净净。所以，吉姆很忐忑，他期待着总监给他一个结果，不论是好是坏。

总监看着吉姆的简历已经有两分钟了，这段时间里他一直没有说话，也没有抬头看吉姆一眼。这让吉姆心里更加紧张。

又过了一分钟，总监合上吉姆的简历，抬起头，专注地盯着吉姆的眼睛说："小伙子，看得出你的成绩还不错，不过这似乎并不足以打动我。你对这一点有什么要补充的么？"

吉姆强忍着揉搓双手的毛病，强令目光保持直视，回答道："说真的，我有些紧张。咳，您说的没错，我是一个新人，彻头彻尾的新人，我唯一能拿得出手的就是大学里几次成功的研究，除此之外，我没有工作经验，团队合作能力也未必会很强。之所以把简历投到贵公司，实在是因为我抵抗不了诱惑。大家都知道，这里有着一流的团队，也有着最出色的管理层。我知道，如果来到这么一家公司，我一定会学习到很多东西，这是我最渴望的，也是我努力的方向。"

"你的答案听起来不错。不过我有些好奇，你为什么这么直白地就把自己的老底给揭穿了呢？要知道，你的对手们都很强，公司的招聘要求也很高。"

"是的，我也很费解，可能是我太紧张了，也可能是我太过迫切想要进入公司了。总之，我觉得只有一个诚实的人，才会成为一名合

⊙在面试中，面试官最想听到的就是真诚坦白的答案。

格的员工。"

"好吧，诚实的小伙子，这是我的名片，你先收好回去等待消息吧。"总监递过一张名片，吉姆双手接过，道了声谢才转身出门。

三天后，吉姆如愿以偿地进入了这家公司。

/// 【问题案例】 /////////////////////////////////

李云没有销售的相关工作经验，她知道企业、老板需要有经验的员工，能够一上班就给公司带来效益，而很少愿意招没有经验的员工，从头开始培养。所以，她很担心自己通不过面试，从而没有工作机会。但是她想，可以把自己听到、看到的别人的经验说成是自己的。

面试官问李云："请问你有过销售的工作经验吗？"

李云丝毫没犹豫地说道："有。"

于是，面试官让她讲一讲她是怎么进行销售的。她就说了一个她知道的事情，但是只是说是卖房子，把房子卖出去了。面试官问："每个月的销售情况如何？你的提成是多少呢？"李云都很认真地一一作答。

面试结束时，面试官对李云说："没有经验也没有关系，最重要的是要有诚实和虚心的态度。你的薪酬、销售额、提成，这三点都无法一致，很难自圆其说。在以后的面试中不要再这样了，一定要诚实。"

【案例分析】

无论我们是没有半点经验的职场新人，还是身经百战的职场老手，面试时，一定要做到最起码的诚实，不要为了可以使自己的工作经验丰富起来，就编造事实、撒谎、说假话。

不诚实，说假话，只能是自毁前程。仔细想一想就会明白，面试我们的人是这一行业的权威，无论是经验、阅历，还是对专业知识与具体细节的掌握，都远远超出我们。所以，在他们面前，任何谎言都是无法存在的，不如一五一十地把最真实的自己表现出来。有经验，自然好；没有经验，只要诚实，表现出自己的努力和实力，同样可以找到工作。

我们在面试时，也很容易出现紧张，或者是遭遇一些话语陷阱。如果这个时候不能很快地调整好自己的状态，想用假话、空话蒙骗过面试官，那是很难的。不如借鉴一下卡耐基的真诚坦白原则，以退为进，赚取好感。要知道，真诚才是最好的口才。

//【高手点拨】////////////////////////////

1. 真实的答案是最好的答案

在面试过程中，当我们面对一个问题不知道如何回答的时候，最好的答案是不妨说实话。由于紧张，我们在面试当中可能连一些很明显的陷阱都意识不到，如果不能保持足够的清醒，那么就保持绝对的诚实好了。真诚的答案有时反而能够帮助我们避开陷阱，也许不够巧妙或者聪明，但至少比撒谎或者是含糊其辞要好。

2. 说真话，以诚动人

在面试过程中面对难题时，说真话，表达真实的想法，坦露真诚，可能会带动面试官的思维，让对方愿意从另一个角度来甄别和选择我们。比如，面试官会问你，你明明可以做你可以做的另一份工作，赚更多的钱。这时你不妨就说出你对两个工作的看法，以及自己对自己适合做哪一个工作的认识，面试官尽管还不是很了解你，但他们也会认为你是个真诚的很有想法的人。

3. 说意想不到的真话

真话的效用在面试过程中是意想不到的。不仅是作为面试者意想不到说真话的后果，也包括面试官预料不到面试者的真话。这个真话可能是傻气的、没有经验的，但是真话中透露出的诚恳与稳重会让面试官作慎重考虑，这就是意想不到的真话。

05

达·芬奇的求职信致胜法：
见面之前，先让对方重视你

成功地获得一份工作，绝不仅仅是需要在面试的时候有良好的表现。其实，在这之前有一个重要的环节是我们不能忽视的，这就是写求职信。

那么，求职信到底要怎样写呢？相信看了达·芬奇的这份求职信后，你会得到不少的启示。

/// 【经典案例】 /////////////////////////////

1482年，31岁的达·芬奇从佛罗伦萨来到米兰。他希望谋得一个工程师的职位，于是他给当时米兰的最高统治者路多维克斯夫大公写了封求职信，这就是著名的《致米兰大公书》，全文如下：

显贵的大公阁下：

　　来自佛罗伦萨的作战机械发明者达·芬奇向您致意。我对那些所谓的战争机械发明家的产品作了观察和思考，发现他们的发明与平常使用的武器相比并没有增加太多的威力，所以斗胆求见阁下，以面陈机密：

一、我能建造一种坚固、轻便又耐用的桥梁，可用来追逐和击败敌军，这种桥梁装卸都十分方便；同时，我也能焚毁、破坏敌军的桥梁。

二、我能切断战壕里的水源，还能制造出方便耐用的浮桥、云梯等攻城设备。

三、我能制造出一种易于搬运的大炮，如果敌军占据的地势很高，或者十分坚固的话，只要它的地基不是石料筑成的，这种大炮可以摧毁它的每一个碉堡。

四、我还能设计出巨弩、投石器等其他具有攻城效果的器械，绝对不同于一般的器械，它们有着更大的威力和更简易的操作性。

五、我能在任何指定地点挖掘各种地道，无论是直的还是弯的，绝不会发出半点声响，必要时还可以设计出在河流下面挖地道的方法。

六、我能设计出多种适宜进攻的兵船，这些兵船在水战中的防护性能很好，能够有效地抵御敌军的炮火攻击。

此外，在和平年代里，我还能设计建造公共建筑和民用设施，还能疏导水源，同时我擅长绘画和雕塑，自信技艺绝对不输给当今任何一位名家。

如果有人认为上述任何一项办不到或不切实际的话，我愿随时在阁下的花园里，或您指定的其他任何地点实地试验。

向阁下问安!

达·芬奇

发出此信不久，达·芬奇受到了召见。在简短的面试后，达·芬奇被米兰大公正式聘用为军事工程师。

其实，求职信就是说在面试之前的话，忽视了它，很可能在起跑线上就会输人一步。下面，我们找到一份比较成功的求职信，以作参考。

××大学人事处：

　　我叫李××，男，现年30岁。我是本校新闻学专业02级的毕业生，同年，我去往美国××大学攻读西方新闻传播专业，在06年取得硕士学位，并在学习期间翻译出版了多部图书，如《××文化与传播》等。2006年至今，我一直在纽约××××公司策划部门工作，独立运作了众多的文化产品策划，有很强的实际操作能力。

　　虽然现在从事的工作待遇优厚，但我一直心系故土，很希望能在祖国大地上尤其是母校工作。我希望能通过自己多年学习所得，把一些相对科学、有效的工作方法带回母校。前日看到了母校在日报上的招聘启事，我认为我的专长和素养能够胜任这个职位，也一定能符合学校的要求。因此，我冒昧提交了我的求职信，附上我这些年内的作品，希望母校能够接纳一位归来的学子。

李××
×年×月×日

【案例分析】

　　达芬奇这封短短的求职信为何能够产生这样好的效果呢？大体看来，是因为这封信里有两个格外引人注意的优点：

1. 抓准岗位需求

　　当时，意大利处于混乱状态，米兰周围强邻环伺，米兰大公急于击败周围的敌对城邦，不能不大力发展军事制造业，因此急需要这方面的人才。众所周知，达·芬奇是一位艺术大家；但除此之外，他在歌唱、辩论、医学和军事等领域里也一样颇有建树。达·芬奇凭借着个人的能力，抓住了招聘者的需求，于是有针对性地设计了求职信。他详细描述了自己在军事工程方面的技能，而对其他方面的才能略过不提。

　　所以，这封针对性极强的求职信无疑是具备很大冲击力的，信中所述的种种军事器械，对于米兰大公来说，是急切要得到的，因此他毫不犹豫地给了达·芬奇面试的机会。

2. 强烈的自信

在求职信中，达·芬奇一连使用了六个"我能"，一项一项、有条不紊地列举了自己在军事工程方面的才能，语气坚定，令人难生质疑的心思。

达·芬奇在信中还强化了自己表现出的自信，他说："如果有人认为上述任何一项办不到或不切实际的话，我愿随时在阁下的花园里，或您指定的其他任何地点实地试验。"这份自信，显然感染了急需人才的大公。就这样，达·芬奇以一封出人意料的求职信，敲开了招聘者的心门。

对于我们来说，达·芬奇的这种简历致胜法，无疑是很有可操作性的。在竞争如此激烈的年代里，不少人错失机会不是因为自身素质不足，而是因为自己没有成功地引起招聘者的兴趣，在未接触的时候就已经败下阵来。

////【高手点拨】/////////////////////

1. 重视求职信

在接到面试通知之前，我们往往需要通过投递简历去吸引对方公司人事的注意。而除了简历以外，还有一个环节值得我们格外去重视，那就是求职信。

求职信不仅是具体陈述个人能力的申请，还是表现对对方公司了解的一个方式，更可包含个人与应聘公司之间的联系——最后一点完全可以通过求职信这个方式来表现——然后一击即中地投递成功。

2. 失败之后的求职信

求职信不仅可在面试之前投递，即使在面试之后也可以投递。在录取情况未卜的情况下我们可以投递求职信，再次表达自己的意愿。即使在面试失败之后也可以继续尝试，由求职信再一次表达想进入公司工作的强烈愿望，可能会得到意想不到的效果。因为这个行为是对自身能力的自信，以及愿意为公司尽心尽力的表现，公司的人事会乐于从这方面去考虑你的。

3. 求职信只是一种求职方式而已

在写求职信的时候，我们应当注意细节，在措辞上既不要过于自满，也不必过于谦卑。因为不管是在何种情况下投递出求职信，求职者都应该是对自己有信心的——你只是多做了一种尝试而已——而这也正是你的闪光之处。

第五章
结交客户：
90 秒内即成好友

01

乔·库尔曼的一句话法则：

一开始就让对方无法说 "NO"

与客户接洽是一个非常值得揣摩的过程。我们与一个较为陌生的人坐下来谈一件涉及利益的事情，我们带着想法与需求开始谈判，但又不能完全露出自己的底牌，直接提出有关交易的要求；同时，我们又必须要在第一时间就吸引住对方——这一点至关重要。

乔·库尔曼是美国著名的王牌销售员，也是第一位连任三届美国百万圆桌俱乐部主席的推销员。提及他的成功法则，乔·库尔曼说："见面后的礼仪要周到。此外，你的开场白一定要是让对方最无法拒绝的一句话。"

实际上，对于大多数人来说，怕的不是难缠的客户，而是不愿说话的客户。碰见这样的客户，乔·库尔曼为他们准备了这样一句话："您是怎么开始您的事业的？"

这句话仿佛有着独特的魔力，即使乔·库尔曼面对的客户忙得已经不可开交，或者是这个客户根本没有理会乔·库尔曼，这句有魔力的话总能成功地改变糟糕的局面。

有一次，乔·库尔曼在发掘一位名叫罗斯的客户。罗斯是一家工厂的老板，每天除了要跟业务以外，还要检查产品质量，工作十分忙碌。也因为这个原因，许多销售员都在他面前无功而返。但库尔曼却成功地让这个大忙人接受了自己的推销。

这一天，库尔曼来到罗斯的办公室，两人简单地寒暄过后，罗斯直接地对库尔曼说："你已经看到了，我根本没有时间，所以也没有兴趣投入在你说的保险上。"

库尔曼听完这句话，并没有过多的反应，反而是不停地低头看着放在地面上的产品，然后，他很诚恳地询问："罗斯先生，请问这些是您的工厂生产出的产品吗？"罗斯先生给了他肯定的答案。

接着，库尔曼又问道："请教一下，您做这行有多长时间了？"

罗斯想了想，回答道："20年了，不短的一段日子啊。"

库尔曼继续问道："那您是怎么开始您的事业的呢？"

这一句话之后，罗斯先生就像着了魔一样，滔滔不绝地谈起自己当年创业的经历，一口气谈了半个多小时。之后，罗斯先生还引领库尔曼参观工厂，为他一一介绍自己的产品。这一次对话之后，库尔曼和罗斯先生成为了好友。虽然第一次见面库尔曼没有推销出保险，但是随后的几年里，罗斯先生每年的保险订单都交给了乔·库尔曼。

乔·库尔曼是一个了不起的销售员，他懂得通过对对方的关心来引起情感效应，从而让对方无法拒绝自己——与其说是他让客户无法拒绝自己，倒不如说是客户自己让自己无法拒绝乔·库尔曼。乔·库尔曼的第一句话就把对方给牢牢抓住，他不是从产品本身——保险——出发去关心客户，而是从客户自身出发来了解客户，从而让客户对自己产生了情感需求。

///【经典案例】////////////////////////

鲁达曾在一家学习机公司工作，他的工作内容是与那些可能会买学习机的家庭作沟通。

"学习机，在开始是很热门的产品，但随着学习机技术的更新，学习机迎来了它的繁荣期，却也让销售变得有了难度。因为学习机的更新换代太快了，实际上人们手里已经有了一个，而如何要让他们再换一个大同小异的产品，这说难又不难，但说不难又没那么容易。"鲁达笑着说。

下面就是鲁达向一个家里的孩子已经有学习机的客户推销新产品的案例。

"你好，米娜。"

"嗨，你好，鲁达。你怎么打电话来了？"

"呵呵，我想问一问，巴里还好吗？去年你为他从我这里买走了一款学习机，我是来问一问巴里是否有所获益。"

"哦，当然。那款学习机让他很有学习的兴趣，他经常用它来记单词和数学公式。"

"真是好孩子。我想巴里今年该升入四年级了吧？"

"哦，是的。"

"那学习机就使用来说对他还足够吗？"

"哦，我想是有一点不够吧。现在学习内容增多，并且学习机的功能似乎也不如市面上新出的多，难免让巴里有些失去兴趣。"

"嗯，我想也是。米娜，是这样的，我这里现在有一款最新的学习机，我想巴里会更需要这款。"

"哦，不，鲁达。我也想过为巴里换新的学习机，可是难保有更新的出来，我们还得更换……"

"哦，米娜，我想你是对的。学习机在硬件上和操作上来说都大同小异，而我之所以给你打电话，当然也为你考虑到了这一点。我现在跟你说的这款新产品，是可以在软件上不断更新的，即巴里无论升入多高的年级，都可以从产品的网站上下到最新的资料。我觉得这一点很重要，要胜过另外那些学习机在硬件上的升级，这才是学习机真正可以长久使用的根本。你觉得呢？"

"唔……鲁达，没错，我不愿意因为学习机硬件上的升级而更换它，因为这肯定是换不过来的，新产品每天都在出现；但是如果软件能够不断升级，倒是个不错的选择。"

"没错。"鲁达继续说，"我想茉莉马上也快要上学了，软件的不断升级以后茉莉也是可以用的。"

"嗯，你说的没错！"米娜在电话那头干脆地说，"那鲁达，你下午带新产品来我这里吧，我想具体地看一看。"

"好的，没问题。"鲁达说，"那大概什么时间我过去比较方便？"

"嗯，中午吧。你方便的话，我们还可以一起吃个饭，聊一聊。"

"好的。"

///【问题案例】////////////////////////////

苏晴做销售已经快半年了，不过她的业绩一点都不好，做得很累、很辛苦。一天，销售经理问苏晴每天都是怎么工作的，为什么总是达不到要求。苏晴就把自己每天是怎样工作的和经理说了："我每到一个地方，看到有可能成为客户的人，就很真诚地对他们说：'我们是销售化妆品的公司，我们的产品都非常好。您试一试，绝对不会后悔的。'"

听到这些，销售经理对苏晴说："你就是这样进行销售的？"苏晴说是。销售经理有些无奈地对苏晴说："短视的销售，是不考虑顾客的感受和需求，只知道把产品卖出去。但这样做并不是一个好的、合格的销售人员。好的销售人员，是要考虑顾客的需求和感受，赢得客户的信任，让他人信任我们，从而相信我们的产品。这些都不是仅仅说我们的产品有多好所能够达到的。"

自从听了经理的话后，苏晴受益匪浅，业绩也好了很多。

【案例分析】

从苏晴的销售经理的话中我们不难得知，和客户交流、进行销售时，当双方还没有建立起相互信任、了解的局面时，一定不要给客户留下我们仅仅是在销售产品、目的就是想把东西卖给他（她）的感觉。在他人对我们产生戒备心理、厌恶情绪之前，一定要让他人知道我们是考虑他（她）的感受和情绪的。先建立一种良好的情感关系，然后才会产生信任，才会促成合作的成功。

现在，想一想鲁达是怎么做的呢？在进入正题之前，鲁达就先询问了客户的孩子，鲁达让客户感觉到自己是在被关心，而非是在接受推销，那么客户就很难说"NO"，而会一直和鲁达说下去，因此鲁达能让客户下订单的可能性就大很多。

/// 【高手点拨】 ////////////////////////

1. 结合产品，联系客户

要想与客户建立合作关系，那么首先就要和客户建立良好的沟通桥梁，一个简单的方法就是从产品的作用出发——产品的作用就是人们所需要的部分，人们觉得需要的部分也就是他们重视的部分。因此不妨在了解客户的情况下，结合产品与客户进行沟通。

2. 从客户关心的角度出发

产品不够吸引人怎么办？没有关系，让客户无法自己对自己说"NO"。从客户最关心的事情出发，联系产品，那么与客户之间的交流也会变得简单直接，并且容易博得客户的好感。比如客户十分关心奶粉的安全问题，不妨先与其聊一聊客户的孩子，然后再谈一谈自己的看法或者对产品进行一定的介绍，这样客户会比较容易接受。

3. 与客户建立情感关系

我们总是对朋友、亲人难以拒绝，那么要想与客户建立联系，不妨满足客户的情感需求，与客户建立友好的情感关系，这样客户也很难对我们说"NO"了。当然，实际上，无论一时的合作能否达成，也该维系与客户之间的友好关系。

02

汤姆·霍普金斯的套牢反问法：

设计出让对方无法拒绝的问题

    汤姆·霍普金斯被誉为"世界销售之神"，是世界公认的销售冠军。美国的媒体对他更是不吝赞美，称其为销售界的传奇冠军。汤姆·霍普金斯平均每一天会推销出一套房屋，这使得他被写进了吉尼斯世界纪录（单人房地产销售量最高）。汤姆·霍普金斯之所以能创造出如此辉煌的成绩，除了他的乐观和努力，还和他著名的套牢反问对话法脱不开关系。

    按常理来说，向住在冰面上的因纽特人推销冰块，简直是如同天方夜谭的传说故事，可汤姆·霍普金斯凭借着套牢反问的对话技巧，轻松地达成了这个神奇的目标。

//// **【经典案例】** ////////////////////////////

    有一次，汤姆·霍普金斯接受一位著名记者的采访，记者对于他的成绩有所质疑，当场向他提出挑战，要他展示一下如何把冰卖给因纽特人古力，于是有了下面这一段脍炙人口的对话：

    汤姆："您好！古力。我叫汤姆·霍普金斯，在为北极冰集团工

作。我想为您介绍一下北极冰能够给您的一家带来的众多益处。"

古力："这可是我今年听到的最好笑的笑话。或许你不知道,我是因纽特人,冰在北极这儿处处可见,而且它是免费的,甚至我们就住在这东西里面。"

汤姆："是的,先生。您知道,注重生活质量是许多人对我们公司感兴趣的原因之一。看得出来,您必定是一位追求和注重生活质量的人。我们都知道质量和价格总是相关的,您能说一下您目前使用的冰为什么是免费的吗?"

古力："当然。这里遍地都是冰,随手可得。"

汤姆："就是说,您使用的冰就在身边,睁开眼睛就能看见,但是没有人看管它们,是这样吧?"

古力："噢,是的。这种冰太多太多了,没有人对它们感兴趣!"

汤姆："是的,先生。您看,现在冰上站着你和我,我们的左手侧有一位正在冰上清除鱼内脏的邻居,远处可能会有几只北极熊正在冰面上重重地踩踏。还有,您看,前面的冰沿上还会留有企鹅走过的肮脏的痕迹。请您想一想,设想一下这幅场景好吗?"

古力："我可不愿意这样想。"

汤姆："也许,应该,这就是为什么这里的冰是如此的……经济合算?"

古力："对不起,我忽然感觉很糟糕。"

汤姆："我明白您的心情。这种无人保护的冰块溶入了您和家人的饮料当中,这种感觉一定不会好。如果您想要感觉舒服地饮用,那么必须得先进行消毒,不是吗?那您如何去消毒呢?"

古力："煮沸,就这个办法。"

汤姆："是的,先生。冰块煮过以后,您的锅里还剩下什么呢?"

古力："水。"

汤姆："这样说的话，您为了得到水，而把自己的时间浪费在没有安全保障的冰块上。说到时间，如果您愿意在这份协议上签上您的名字，不用多少时间，就今天晚上，您的家人就可以享受到干净、卫生以及最享受的北极冰块饮料。噢，对了，我很想了解您的那位清除鱼内脏的邻居，您认为他是否也乐意享受北极冰带来的好处呢？"

汤姆·霍普金斯为什么能轻易说服一位因纽特人呢？拿他自己的话来说，就是要问对问题，并且引导客户作出肯定的回答。他在开办的培训班里对自己的学员讲："销售是一种说服的过程，首要的任务是问对问题，如果能够使客户从头到尾肯定你的问话，就可以确定一笔交易的成交。具体来说，对话一开始，先用一些无关紧要的问题确保客户肯定同意，接着引导客户给出一系列的肯定答案。"另外，汤姆·霍普金斯还提到，"千万不要在询问的过程中使客户产生争辩的想法，也不能直接让客户进行是与否的判断——这只能使他坚定自己原有的看法。"

///【问题案例】//////////////////////////

安迪是一家影印机公司的推广员，不得不说，这家公司的东西质量不错。安迪打算把最新的影印机推销给大楼里28层的公司。

安迪进门，向经理行礼致意："您好，威尔斯经理。"

威尔斯经理点了点头说："你好，小伙子，有什么能帮你的吗？"

安迪快速从文件包里取出准备好的宣传画册，递给对方，"是这样，我们公司推出了最新的产品——S1型影印机。贵公司一定很缺少一台既能够影印、又能够快速分页和校对的棒家伙吧？"

威尔斯大略翻了翻画册，摇了摇头说："不，我们这里并不需要分页。我们公司有一个下属的印刷工厂，这些具体的工作印刷厂里都能做，我这里所需要的只是一台具有极高影印品质的机器，最好还是

　　⊙销售是一种说服的过程,如果能够使客户从头到尾肯定你的问话,就可以确定一笔交易的成交。

操作简便的。"

安迪没有气馁，取出另一份画册，向威尔斯经理继续介绍产品，无奈威尔斯心意已定，安迪最后只得离开，去往自己下一个目标。

【案例分析】

安迪的交易为什么会失败呢？因为他自以为是地提出了一个判断题，对方的大脑里很简单地给出了拒绝的判断。他的话里隐藏的意思是希望对方怎样做，而不是去引导对方怎样想，这就是安迪交易失败的原因。

反观汤姆·霍普金斯，他先是提出简单的、易于给出肯定答案的小问题，然后再设身处地地为对方着想，按次序提出一个个的问题，对方顺着他的反问，一步步被套牢，最终心甘情愿地签下合同。这就是我们需要的口才技巧。

【高手点拨】

1. 从客户的利益出发去设计问题

从客户的利益点出发去设计推销问题，客户通常会难以拒绝，他们会不由自主地去思考有关产品和项目的内容，更容易接受你的疑问，包括答案。比如，客户需要一个能够帮助他们理财的产品，那么你就去询问客户对理财产品的了解、有何疑问等，客户会说出自己想了解的，或者困惑，然后你去回答他们就好了，这就等于在介绍产品了。

2. 先让客户说出看法

在与客户沟通时，不妨让客户先说出自己的想法，然后再从客户的想法之外去提问，将客户引到自己想要表达的点上，让客户感兴趣，那么离与客户合作成功也就不远了。比如客户表示自己想要买一个钓鱼的鱼竿，但是不是很了解，那么你不妨和客户一起讨论一下各种鱼的特点，与客户一起寻找出其重视的部分，进而作出产品选择。

3. 客户乐于了解不知道的信息

在与客户沟通时，我们通常会发现客户乐于了解他们所不了解的信息，当我们问客户"你知道我们的合作对您会有什么好处吗"，客户可能无法回答，但他们都乐于听一听你的话，看是否能找到对自己更有利的点。

03

法兰克·贝格的热情洋溢原则：
感动客户前先感动自己

　　一流的推销员必定是一流的口才家，美国的行销大王法兰克·贝格就是典型的实例。他口才超群，尤其值得一提的是，无论是什么人，和他对话不过短短几分钟，就会被他话里的热情所感染，而原来，他并不是一个这样的人。

////【经典案例】/////////////////////////////

　　法兰克·贝格原来是一名职业的棒球手，在一次比赛中，他因被球击伤肩膀而被迫放弃职棒生涯。回到家乡费城之后，他成为了一名寿险推销员，可能是受伤带给他的阴影难以散去，他的情绪一直不高。

　　法兰克·贝格成为推销员的前十个月，简直可以说是他一生当中最暗淡、最沮丧的日子。他四处碰壁，不管他如何努力，业绩依然是零。他在痛苦中自我检讨，并且断定自己并非干推销的料，于是准备改行。

　　就在此时，他参加了戴尔·卡耐基主办的演讲训练课程。

　　这天晚上，轮到贝格上台练习说话。话刚讲到一半，卡耐基打断他的话，并问道："贝格先生，请问，你个人认为你在台上所说的事情，自己是十分感兴趣的吗？"

　　"没错，我自己要说的事情，我当然有兴趣啊！"贝格十分诧异。

　　卡耐基忽然抬高了声调，充满热情地对他说："既然如此，你为什么不热情洋溢地说话呢？即使你对自己要说的事情充满兴趣，但是说得索然无味，听众又怎么能产生共鸣呢？好吧！请你先走下台，我来说，你感受一下。"

　　接着，卡耐基走上台去，接着贝格的话题继续说起来。尽管两人所说的内容大致相同，可是卡耐基的话里热情洋溢、魅力十足，台下的听众如痴如醉，情绪越来越高涨，卡耐基本人也情难自禁，在他演说到最高潮的时候，他举起身旁的椅子重重地往墙壁掷去，听众一片哗然之后，掌声如雷。

　　法兰克·贝格顿时明白了：原来自己无法打动客户，主要原因就是缺少热情——没有热情的感染，是很难快速打动并说服客户的。

　　自此以后，法兰克·贝格以"热情洋溢"作为自己推销产品的座右铭，终于成为激励无数人的推销大王。

　　有句话说得好：要想感动别人，首先要感动自己。就像法兰克·贝格的经历一样，他为什么会遭遇黑暗的十个月？试想一下，一个声音低沉、说话内容沉闷而又单调的推销员在我们身边模式化地介绍产品，我们会作何感受呢？答案毋庸置疑：没有人喜欢这样的推销员，也没有人会接受这种推销员带去的产品。

///【问题案例】////////////////////////////////

　　约瑟夫这天来到一位神父的家中，推销一款最新的环保墙面涂料。

　　"神父您好，我是约瑟夫。"

"愿主保佑你，请问您有何贵干？"

"是这样，我带来了最新式的墙面涂料，这种涂料十分环保，它采用的是最新式的XX分子材料，绝对不会像老式涂料一样发出难闻的气味。还有，这种涂料可以防水，它的防水能力可以达到……，它经过XXXX研究院的实验，已经可以完全达到……，还有，它的使用寿命也很长，经过我们的验证，甚至可以达到十五年之久……"约瑟夫滔滔不绝地说了接近5分钟，神父一直和蔼地看着他，出于礼貌和圣训，并没有打断他的话。

又过了两分钟，约瑟夫的话终于到了收尾的阶段，"您看，以上的十余点就是这种新式涂料的性能，如果您对哪一方面格外感兴趣，我可以再详细地为您介绍。"

"好的，孩子，这个产品或许不错，但是我并不需要它。"

"这样，那有机会我再来拜访您。"

于是，约瑟夫离开了神父家，再去其他人家时，也没有得到好的结果。

【案例分析】

实际上，约瑟夫犯了一个许多人都会犯的错误：因为想要推销出产品的意愿太强烈，所以只是平淡而又乏味地向客户介绍出产品的所有性能。这种对话方式，恰恰是客户最为厌烦的方式之一。每个人都有自己的判断标准，真正好的沟通方式是判断出对方需要的是什么，对方的判断方式又是什么，而不是用连自己都无法感动的话去陈述产品的性能，那只能让客户的注意力分散，直到他放弃你和你的产品。

我们在介绍产品时，绝不能犯约瑟夫这种错误。我们要做的是抓住客户最感兴趣的一方面，用最富有热情的话语，给客户一个最直观也最深刻的印象。话在出口前，先放在心里，如果能感动自己，那么也一样能感动站在你面前的客户。

//【高手点拨】////////////////////////

1. 热情态度推动合作

当我们与客户交流的时候，客户光听我们的介绍可能无法感同身受，这个时候我们不妨热情一些，充分调动起客户的积极性，使他们能够对即将产生的合作感同身受，这样他们会认为那将是愉悦的、有好处的合作。

2. 微笑面对拒绝

即使被客户拒绝，不妨也面带笑容，以热情洋溢的语调与客户说再见，那么至少客户会对你以及你的产品留下印象，不排除以后会主动找到你的可能。客户会有一种补偿心理，充分利用这种心理，会让客户想法子主动与你产生合作。

3. 让客户感到自己的选择是对的

客户想要选购产品，但不知道自己的选择是否正确。如果推销员能够热情一些，像是与客户产生共鸣一样，认为其作的选择和想法都是正确的，那么客户也就很容易购买产品。

04

原一平的投其所好法：

把话说到客户心痒处

有人曾问过卡耐基："先生，您这么受欢迎，您的谈话秘诀是什么？"

"谈论别人最为愉悦的事情，这就是我的诀窍。"卡耐基的回答简单而又具体。

在任何时候，说话都不是一个人的事情。只有知道对方最在意什么，你才能准确地把握住自己谈话的方向，把话说到对方心痒处，使其欲罢不能，从而引起对方继续和你谈话的冲动。

日本"推销之神"原一平，在投其所好方面做得极为出色。

有一次，原一平要拜访一家企业的老板，由于老板是个很传统的人，不善社交，因此原一平用尽种种办法，也没有见到老板。

有一天，原一平终于想出了办法。

他找到这位老板在公馆里固定的洗衣店，装作附近的住户，和洗衣店店主闲谈起来，顺利地从店主口中挖出了老板喜爱穿的西装的款式和颜色。然后原一平又找到老板订做西装的服装店，订做了一套和老板身上一模一样的西服。

服装店店主很惊讶地对原一平说："先生您可真有眼光，想必您知道大商人××××吧？他是我们的老主顾，您订的这套西装和他的完全一样。"

原一平接下店主的话茬，把话题引到这位老板身上，终于得知老板爱好养花弄草，并且还知道他最喜爱的就是家里传下来的那棵不知道多少年了的柏树。

几天后，原一平以欣赏花草的名义，终于得见老板一面。他穿着那套订做的西装，从容地站在老板面前。

"初次见面，您好！我是原一平。"

此时，这位老板大吃一惊，看着原一平，哈哈大笑起来。

"不错不错，你这衣服。"

"哦，我一直喜欢这种款式，穿了这么多年也没改变。对了，虽是初次见面，但我早有耳闻，贵府有棵珍稀的古柏，我一直心向往之，不知今日能否有幸得见？"

老板笑了笑，站起身，引着原一平去见识家中的古柏。之后，两人聊个不停，从树木花草聊到家乡风俗，很快熟悉起来。

又过了几天，这位老板成了原一平的新朋友和新客户。

原一平的这次成功推销，源于自己对客户心理的挖掘。他通过事先掌握客户的喜好，从而掌握了谈话方向的主导权。

就自身经验来看，在对话中，我们也是喜欢听到自己感兴趣的事情。因为每个人都有自己关注的一个领域，有自己熟悉的一个领域，还有一个自己将要投入注意力的领域，对话的话题一旦说到这几个领域里，人们的心里会感觉很舒适。

所以，在谈话刚开始的时候，以对方感兴趣的内容为引，正是良好的谈话的开端。下面这个故事里，查理就是凭借这种口才技巧，成功地为公司拉来了大客户。

　　⊙只有知道对方最在意什么，你才能准确地把握住自己谈话的方向，把话说到对方心痒处，从而引起对方继续和你谈话的冲动。

/// 【经典案例】 /////////////////////////////////

　　查理是一家私人银行的职员，鲍威尔是这家银行一直追踪发展的大客户，但是鲍威尔投进银行的资金并没有大家预期的那么高，很明显，他并没有完全信任这家银行。为了招揽鲍威尔这位大客户，查理最近一直在研究对方，希望能找到合适的接触方法。

　　这一天，查理亲自为鲍威尔送本季度账单，刚到鲍威尔公司门前，就听到他在办公室里咆哮。原来，鲍威尔是利物浦队的铁杆球迷，昨天晚上利物浦队大败，因此今天一早上，他仍是怒气难消。

　　之后的几天，查理邀请鲍威尔到他的家里做客。他特意为自己的小儿子买了一套利物浦队的小号球服，在家里显眼的地方贴上利物浦队球员的海报。到了晚上，鲍威尔来到查理的家。门铃响起，查理抱着小儿子打开家门。

　　"您来得真是时候，鱼刚煎好，请进。对了；这是我的小儿子，一个特爱闹的小家伙。"查理把鲍威尔迎进家门。

　　"哦？您也是利物浦的球迷？"鲍威尔看见墙上的海报，不禁问道。

　　"是的，从我父亲开始，到我的儿子，我们一家都是！"

　　"那可不容易。我的女儿只喜欢篮球，对足球完全不感兴趣，我给她买的球衣她从来没穿过。看看你家的小家伙，穿上这一身球衣多精神！"

　　"就是，不过我父亲可一直喜欢老队服，还有那几位老队员。"

　　"你父亲一定也是位铁杆球迷——球迷的心中只有一只队伍，不论过了多少年。"

　　"没错没错，来，饭菜已经好了，我们边吃边聊。"

　　"好的！"鲍威尔一边聊天，一边逗着小查理，开心地享用了一顿家宴。

　　这之后，查理和鲍威尔经常一起看球，没过多久，两人就成为莫逆之交，而鲍威尔的资金，自然也由他最好的朋友查理托管。

///【问题案例】///////////////////////////

　　欣欣然广告公司的董事长陈美是一个成功女性，她不仅拥有美满幸福的家庭，还将一家广告公司经营得有声有色。她不但能力出众，还懂得经营，这一切都让她足以成为一个既成功又幸福的人。她什么都好，就是喜欢不自觉地逢人就说自己的幸福和成功。无论是下属，还是合作伙伴、朋友，大家都知道她喜欢这样，但她也并不是时时刻刻想着炫耀，所以她说时，大家也就都会听着。

　　但是刚刚认识陈美的某集团项目经理慕菲却不知道。陈美仍然像以前一样，在谈事情的过程中一有机会，就会说说自己的家庭和孩子，或者是自己成功的事业。慕菲觉得这些和这次合作没有丝毫的关系，总说这些就是浪费时间。所以，只要是陈美一说这些，慕菲就打断她，提醒她多谈这次合作的事情，多考虑考虑这些。而听到这样的话，陈美当然很不舒服，觉得慕菲一点儿都不尊重自己。所以，最后，在这个项目上两个公司没有合作成功。

【案例分析】

　　查理的成功，就是源于投其所好，抓住对方的心理，赢得了好感，从而为以后的发展打下了良好的基础。

　　当我们和客户对话时，话题一定要选择好。话总是要说的，与其说些令气氛凝滞的话，何不投其所好，把话说到对方心痒处呢？这不是态度的问题，而是选择说话题材的问题。简单、快捷地获得对方的好感，是每个人都愿意接受的。

　　不仅要做到这一点，还要允许对方有表达和畅所欲言的权利，绝不能像不懂得人情世故的慕菲那样做。

　　别人无论是有意地炫耀，还是无意地抒发情感，我们都要给对方这样的权利和自由。愉快、舒心地完成合作是比什么都重要的事情。

而不考虑他人的感受，只是从自己的想法出发，就算是马上就要到手的东西也会飞走的。

把话说到他人心坎里，并不是阿谀奉承、溜须拍马，而是考虑对方的感受，想要积极地促成合作，给所供职的企业和对方带来利益。能够这样做，才是一个成功、成熟的职场人士。

/// 【高手点拨】 ////////////////////////

1. 不卑不亢地面对客户

初见客户，一定要多留意有关他的一些细节。在太多笼罩在他身上的光环下，必然藏有他平实而又打动人心的一点。找出这一点来，你将会对这个人有个更真实、贴切的认识，对话方面也容易做到张弛有度、收放自如。

2. 寻找合理的谈论方式

在公司会议中，该自己发言的时候不能含糊。公司领导主抓的项目，就是谈话中需要考虑的问题。如果你认为自己的建议有相当的可行性，而且并不冒进，可以借机说出自己的看法；而如果你强烈反对这个项目，那可以换一个较为轻松的谈话地点来提出你的意见。

3. 从对方身上引出话题

无论是面对什么人，都要引导对方多说话，把话题引向对方最有成就、最出色的一面，这样，便可以挖掘出有关对方的更多信息。对方也会乐于被你如此关注和引导，他们会乐于向一个关心、关注他们的人介绍自己。

4. 掌握谈话要点与节奏

在对方谈话的时候，仔细挖掘对方感兴趣的其他话题，找到彼此的共同点。在谈话节奏稍微缓和时，谈谈共同之处，会拉近彼此之间的距离。在谈事过程当中，当双方休息时偶尔聊起别的事情，不妨就选择对方感兴趣的话题，或者是赞同对方的态度，这样会有利于接下来的工作流程顺利进行。

05

崔永元的将心比心原则：

几句贴心话，敲开对方心

崔永元是大家都熟悉并且喜爱的央视名嘴，这位"邻居大妈的儿子"，总能用"老百姓自己的话"说出并不简单的道理，也能将心比心，用几句贴心的话打开访问者的话匣子。

一次，在采访时任湖北省副省长的刘友凡时，崔永元用下面的几句话消除了嘉宾的紧张，使其能够侃侃而谈。

崔永元："咱们俩第一次见面是在化妆室，刚才咱们俩都被化妆师化了一下，现在看看，咱们两个人显得格外精神。"

刘友凡："是的，我觉得很满意。这么简单地做了一点妆饰，感觉上好多了。"

崔永元："好多了，增色不少。说句心里话，刚才您没化妆的时候，可没现在显得白。"

刘友凡："白不了啊。我抓农业建设，天天去农村、下基层，野外作业久了，白不起来。"

崔永元："那您接触农村一定很多，您在农村生活的时候是什么时期？”

刘友凡：“我生在一个农村的家庭里，年轻时赶上老三届、上山下乡，做了几年农民，后来工作调动之后，也一直和农民兄弟们打交道。”

崔永元：“那您能不能给我们讲一讲——都说当时农村穷，到底有多穷？”

刘友凡：“我是知识青年下乡，当时十八九岁，正是年轻力壮的时候，算壮劳力，一天10个工分；分配的话，不到四毛钱。”

崔永元：“不到四毛钱，算是当时最多的了。”

刘友凡：“是的，就是最多的。当时干活时，我就想起以前学过的一首词，‘人间辛苦是三农，要得一犁水足，望年丰’，原来在课堂上学习诗词的感觉和下到田地里干活的感觉很不一样，农民过得真是艰苦。”

崔永元：“就像我们经常听的那首‘锄禾日当午，汗滴禾下土’，每次听都会有特别真切的感受。”

刘友凡：“是的。只有在田地里劳动过，听着犁耙声响在耳边时，你才会有格外深切的感受。”

在这段对话里，崔永元面对省长，依然平实地进行访问，就像熟悉的老朋友、老街坊，很自然地使对方说出内心最真实的感受。

参考崔永元的这种对话方式，可以很容易地突破对方的心防，从几句话里引出你想要知道的答案。在面对客户时，这种方法尤其有效。要想从客户的口中得到真实的消息，通常的询问很难达到目的，这个时候不能急进，应该像崔永元这样，用几句贴心的话徐徐接近目标，让对方不知不觉间吐露心中的想法。

/// 【经典案例】 ///////////////////////

　　伊恩来到瑞丽太太家，正巧碰见她正在用洗衣机洗衣服，于是伊恩急忙向这位主妇介绍产品："嗨，瑞丽女士！您家的这台洗衣机确实旧了一些，要知道用旧洗衣机洗衣服是非常浪费时间的，我这里有科学小组的实验数据能够表明这一点，您似乎应该换一台新的了。"

不等伊恩说完，瑞丽太太皱了皱眉头——很明显，她对伊恩的话有些反感——于是打断了他的话，驳斥道："不好意思，我对您的数据不感兴趣，要知道这台洗衣机是我们结婚时就买下的，这么多年一直没有坏过，从洗我们俩的衣服开始，到如今洗三个孩子的衣服，它一直兢兢业业。我想，我们家里并不需要一台新的来顶替它。"

伊恩只好无奈地走出瑞丽太太家，一路上边走边想：为什么客户会产生这么强烈的抵触情绪呢？

又过了几天，伊恩走访到瑞丽太太家。经过走廊，他看见这台老旧的洗衣机，对瑞丽太太说道："这真是一台令人怀念的老家伙，它肯定非常耐用，给你们全家人带来了许多的帮助。"

"是啊，它到我们家里已经有十二年了，真想不到它能撑这么久。"瑞丽太太把伊恩引至客厅，说，"请问，想要喝点什么？"

"请不用客气，白水就好。"伊恩走到那台老洗衣机前，用手轻轻抚摸着它，说："看着它，我就想起了我爷爷的那个老式收音机，用了那么多年声音依然很清晰。"

伊恩话停了一下，接过瑞丽太太递来的水杯，接着说："可惜那台收音机后来越来越费电，于是我爷爷只好把它搁置不用了，不过他依然把它放在桌子的最当中。"

瑞丽太太深有感触地说："是啊，这台洗衣机确实旧了，我也不忍心再让它工作了，有心换台新的，就是不清楚什么样的机器好一些。"

于是伊恩拿出最新型号的洗衣机的宣传画册，向瑞丽太太详细介绍这款新型洗衣机的功能。

【案例分析】

伊恩前后两次的话有很大的不同吗？他的用语前后两次都一样很有礼貌，但是为什么会得到不同的结果呢？

答案很简单：两次说话时的角度不同。第一次伊恩把自己摆在销售人员的位置上，所以，瑞丽太太一直在心中有所戒备；而第二次伊恩则把自己当成瑞丽太太的一位能说得上话的朋友，将心比心，并不急于表现出自己推销的意图，而是围绕着要推销的产品聊着家常——很显然，瑞丽太太更能接受这种对话方式。

两次不同的对话方式，得到了不同的结果。这就告诉我们：如果想要在最短的时间里和新客户成为朋友，绝对不能急躁，一旦表现出了推销的意图，只能让对方的心筑起堡垒，那么之后想要攻破这层堡垒，要付出十倍甚至百倍的精力和时间。这个时候，应该将心比心地聊上几句，让客户的心主动向你靠拢。

///【高手点拨】///////////////////////

1. 像朋友一样了解客户

在与客户交涉的过程中，应当多站在客户的角度考虑——考虑客户的经济能力；考虑客户为什么要换掉旧产品，或者是为什么不愿意换掉旧产品；考虑客户的顾虑有哪些……像个朋友一样去询问、沟通、了解，更利于客户倾吐自己的感受，从而更好地了解客户。

2. 对客户表示赞赏

面对新产品，客户会有不了解的地方，但客户也许对同类的旧产品有了解，并且头头是道。在这个时候，不妨赞美客户对产品的了解，这样会让客户有一种自己在做正确选择的感觉。

3. 站在客户的角度说话

除了要询问和了解客户的切实感受以外，不妨站在客户的角度说几句话，让客户感到距离的拉近。比如，"我也觉得现在的价格稍高，但是如果您真的想要，我肯定为您争取一个合理的价格。"客户感到贴心的同时又放心，自然就愿意与你合作。

第六章
办事求人：
沟通重在进退得宜

01

麦金利的沉默法：

沉默比言语更有力量

　　有些人在谈话时总喜欢占据掌控地位，从头到尾不住地表达自己的观点，但是实际上，在面对争论或者意见分歧的时候，适时的沉默会更有效果。

　　在麦金利任美国总统时，有一天，有几位议员冲进了他的办公室，抗议麦金利施行的一项新政策。为首的议员脾气很大，话里都是难听的咒骂。而麦金利却显得非常平静，他一言不发，默默地听这群人叫嚷，并且认真地看着对方。过了半天，这群人都说到精疲力竭了，麦金利依然专注地看着他们，等到周围一点声音都没有的时候，才温和地说："现在感觉好些了吧？"

　　此时，那些议员们都有些不好意思——面对麦金利总统平静又得体的仪态，他们感觉自己的指责完全是粗暴无礼的——总统先生并没有犯错误。

　　随后，麦金利耐心地向他们逐条解释施行新政策的原因，这些议员们便再也没有反对的言论了。其中一位议员在回去的路上对着同伴说道："哎，伙计们，谁还记得总统说了什么话？我记不得了，不过我相信他是对的！"

面对由不同的政见引起的咒骂，麦金利总统没有直接表达出自己的意见，也没有参与到争论之中，他用适时的沉默平息了对方的怒火。麦金利总统的正确应对，把一场争论甚至是吵闹消弭于无形，并且使对方接受了自己的政见，壮大了同阵营的队伍。

大家都清楚，世界上没有两片完全相同的叶子，也不会有两个完全相同的人。不同的人，有着不同的成长环境、生活阅历、知识基础以及态度立场。在面对问题的时候，不同的人必然会有着不同的倾向和意见，而一旦有人排斥别人的意见的话，就很容易产生争论。大多数的时候争论并不能完全解决问题，因为每个人都习惯于在争论的同时搜索于己有利的观点和证据，从而坚定了自己的看法。争论到底，只会闹得不欢而散。

而一个真正懂得说话的人，绝不会放任对话里的争论扩大，他会和麦金利总统作出一样的选择：用沉默来消弭怒火，让彼此冷静下来再思考问题的解决方法。

/// 【经典案例】 ///////////////////////////////

事实上，沉默有时也是一种无声的对话和批评。美国有句谚语说得好："沉默有时就是最严厉的批评。"面对争论将起、周围已是火星四射的局面，如果你先开口，只能把自己卷入争论当中，辩不出理来。这时你需要的不是破口大骂，而是通过沉默、眼神以及肢体语言，压下对方的气势，表露出自己的倾向。下面这个故事里，杰森就是用沉默成功地控制住了局面，从而占据优势的。

杰森最近很烦恼，这次的企划案又是几个小组一起做。他所在的小组算是精英组合，拿出的企划案都很有分量。只是这次不同，竞争对手也有一组老手。

⊙一个真正懂得说话的人，绝不会放任对话里的争论扩大，他会用沉默来消弭怒火，先让彼此冷静下来，再思考问题的解决方法。

在论证会议上，对方准备得很充分，滔滔不绝地说了接近2个小时。而且，对方话越说越不受听，把矛头直接指到杰森组的方案上，并且详细地列出了几条原因，指责杰森组的工作失当、观念陈旧。周围的人满心以为杰森会迫不及待地反击，可一直到主持人点名点到杰森头上，他才站起来。

杰森站起来之后，并没有针锋相对地回应，而是走到前台，把对方小组的企划案从头播放，又拿出自己组的企划案慢慢地播放一遍。播放完毕后，杰森又把自己组的企划案重新播放了一遍，这次杰森仔细地介绍了他们做的方案，此时大家的注意力都集中在杰森的话上，结果大家发现，杰森组做的方案更有针对性、更符合市场。

最终，杰森组的方案脱颖而出，杰森也在组员中树立起了威望，在公司里建立了权威形象。

///【问题案例】////////////////////////////

自从张平当上主管以后，大家的工作积极性都不高了，开会的时候也没有人积极踊跃地发言，项目开发部的工作效率和业绩明显地一落千丈。

一段时间之后，总经理察觉到了这一情况，就让张平找出原因。但是一个月过去了，他也没有找到原因所在。这时，公司正在考虑撤他的职，重新任命项目开发部的主管。

新主管上任后，立即就和部门的同事开发出了好几个项目，而且都得到了公司高层的认可。

而这其中的原因，就在公司年底举办的联欢活动中浮出水面了。项目开发部的同事在一起不无感慨地说："每次我的策划案还没说几句呢，张主管就说这是问题、那是问题，喋喋不休地说个没完。""是啊，我的方案没有问题，他说不错，但接着就开始说他以前是如何如何的，像是给我上课一样。""每次开会不也是嘛！咱们能说什么啊？不管对错，都是他一个人在那儿唱，根本不给咱们表达的机会。这样怎么能开发出好项目啊！"

【案例分析】

杰森通过沉默缓和了紧张的气氛，无声地达到了批评对方的效果，再加上方案出色，对方的指责自然不攻自破。

而问题案例中之前的那个主管总是不给别人说话、发言的机会，自然不会得到公司同事、下属的帮助和支持。大家不愿意齐心协力，怎么会发挥团队凝聚力、共同创造出价值呢？

所以，无论是面对客户，还是面对上司和下属，我们都要在不该说话的时候闭上嘴。一直说、过多地说，过犹不及，结果反倒和不说是一样的，那就得不偿失了。

中国有句古话流传至今："有理不在声高。"对于我们来说，在对话的时候，沉默也是一种选择，大喊大叫反而会显得心虚、理亏。在自己占住道理的时候，在争论将起的时候，不妨沉默片刻，先冷静地想一想自己该如何行事。

【高手点拨】

1. 先思考再表态

在工作当中，当我们与工作伙伴进行交流讨论时，如果遇到工作伙伴与自己的意见相左，那么先不要急着表达自己的看法或者作出辩解，先冷静倾听对方的观点，与自己的想法作客观比较，这样更容易从中得到意外的收获，同时也让对方感到受尊重。

2. 先思考再表态

当我们与工作伙伴之间出现不同意见的时候，要切记"有理不在声高"。我们需要做的是准备好观点、逻辑体系以及论据，使它们成为牢固的整体，而不是大声地宣战。一时的沉默，是为了更充分地准备，也是为了收敛气势，等待需要的时候爆发。

3. 间接无声地表态

有人说，语言是误会的源泉。很多误会是无法清楚表达的，很多情绪可能表达出来就会变得很棘手。在遇到上司分配不公、同事私下指责的时候，选择争吵只能使事态激化，这时候可以通过沉默、眼神和肢体语言的表现，表示出自己的态度和立场。

02

罗斯福的拒绝妙法：
说"不"也要有技巧

　　无论是在职场，还是在生活中，难免会有人提出这样或是那样让我们难以接受的请求。有时，这些请求带给我们的不过是一些小麻烦，而有时它们可能会触及我们的行事准则或者是行业规则。这个时候，我们该怎么办呢？直接拒绝，伤害对方；若是接受了，自己又陷入两难境地。

　　下面让我们来看看罗斯福是如何处理这种问题的：

　　在罗斯福还没有成为美国总统时，他担任过一段时间的海军助理部长。有一天，他的一位好友来访，两人相谈甚欢。

　　其间，朋友忽然问到一个敏感的问题："泰迪，最近外界有些传闻，说是海军即将在加勒比海的小岛上建立新的海军基地。这个消息和我并没有任何利益关系，我只是希望你能告诉我，这个传闻是否确有其事。"

　　朋友有意无意的打听，使罗斯福感到十分棘手。毕竟，按照保密条例，这件事情当前还不能公开，私底下也禁止传播。但是好友话里的语气十分认真，罗斯福被逼到了悬崖边上。

这时，罗斯福没有惊慌和迟疑，他打开门，查知外面没有人之后，他关上门，用极低的声音小心翼翼地问道："对于不便外传的机密，你能做到保密吗？"

朋友一听，压低身子靠近罗斯福，急切地说："能，当让能。"

"那么，"罗斯福略停了一下，笑着对朋友说，"我也能。"

朋友得知罗斯福的态度，不再继续这个话题。之后，这位朋友并没有因为罗斯福的一次拒绝而减少同罗斯福的交往，两人依然保持着良好的关系。

不得不说罗斯福的高明之处，通过几句简单的话，他巧妙地拒绝了朋友不当的要求，同时也没有伤害别人的感情。

/// 【经典案例】 ///////////////////////////////

工作中，我们难免会碰到类似罗斯福遭遇的难题，比如说上司或主管就一项措施征求你的意见时，出于责任心，你必须表明反对意见。这时我们应该怎么做呢？

张明是一家公司的采购员，快到过年了要采购公司员工的福利，上司询问张明的意见。

"小张，今年公司的效益不错，大家积极性也都很高，快过年了，该给同事们发点东西了，你觉得预算按照去年的照做如何？"

领导想省钱，却让张明心里犯了难。如领导所说，今年效益不错，员工们在年末都加班加点，已经有好些人来问自己今年过年会发什么了。"张哥，跟领导说说呗，今年给我们发点好东西。"张明从心底认为公司员工的心声不能置之不理。想了又想，张明开口了："李总，今年的物价有些上涨，年终福利发放的东西品种较之去年可以不作添加，但是否可以增加些预算，争取在福利的质量或者数量上提高一些呢？比如我们去年发放的是超市油卡，今年可以适当增加油的数量，其实也多花不了多少钱，但关系到同志们的衣食住行，大家还是很乐于接受的。"

领导想了想，点点头："嗯，我明白了，那预算还是要多批一些，争取让年终福利的东西更多更好，是这样吗？"

张明点点头。

"就这么办吧，这事就交给你了。"

张明领命出去，同事们打听到消息之后，也都很高兴。

【案例分析】

凡事总有一个解决的办法，恰当的拒绝之后可以提出更好的解决办法，这样的拒绝才有价值。张明即是如此，他在为公司同事谋得福利的同时，实际上也是为公司好。不仅如此，他还想出了解决方案，让领导在明白他的意思之余，也乐于接受他的方案。

/// 【高手点拨】 ///////////////////////

1. 别急着说"NO"

不可否认，每个人都有拒绝他人的权利，即使是在职场上面对上级的时候，我们同样也有说"不"的权利。只是在说"不"之前，我们要先思考下所拒绝的是否属于工作范畴之内的——如果是，最好不要轻易说"不"，除非你有更好的解决方案。

2. 通过"说实话"来拒绝

如果我们在工作上遇到难题或者是为难的安排——比如你最近家中有事，有亲人需要照顾，你的上司却安排你去出远差，这是属于工作范围内的事务，不能随便拒绝——那么与其感到为难、不知道如何是好，不妨就实话告诉你的上司，说明你在现实生活中遇到了何种困难，暂时不能胜任某一任务。

3. "会拒绝"是另一种表现

实际上，做领导的人并不是不能允许下属对自己说"不"，许多领导者对下属的一个重要考量就是看下属如何对自己说"不"，从这个方面去看下属的沟通能力，以及是否能够代替自己妥善处理来自四面八方的压力和棘手的情况。

3

安东尼·罗宾的信息传递五法则：

让信息有效传递出去

　　安东尼·罗宾，一位白手起家、事业成功的亿万富翁，一位世界上最成功的潜能开发专家，也是世界上最具演讲才能的演说大师，他的讲座帮助了500余万人，其中他最出色的弟子就是全亚洲最顶尖的演说家陈安之。

　　安东尼·罗宾凭借亲身经历和多年的研究告诉人们，要想提高办事效率，在对话中最关键的是将信息有效传递出去："真正的效率，是需要知道如何有技巧地去要求，唯有如此，你才能达到你的目的。现在就让我告诉你五条法则，使你说话说得有技巧。"

　　"法则一：具体要求。对于自己想要什么，在对话起始就要在心里头弄得十分清楚，然后尽可能仔细地向别人描述。比如说：高度有多高，距离有多远，数量有多少，什么时候，什么地方，怎样做，跟谁，等等。"

　　按照法则一，如果公司想向银行贷一笔钱，那么我们要做的就不是泛泛而不实际的要求。面对银行时，如果这么说——"我们要新增加一条生产线，需要向贵行贷一些钱，以作周转，请借给我们吧！"——就很难达到预期的目的。

　　我们应该类似这样说："我们公司即将新添加一条生产线，现在我们公司的流动资金是XXXX万元，可抵押的资金是XXXX万元，新的流水线上马后半年开始获得收益，贵行的贷款只需要1年甚至9个月就可以结清。"这样说清楚为何要贷、要贷多少、期间多久，以及使用了这笔贷款后所能产生的结果，很明显会令人更明白你的目的，也就更容易达成目标。

"法则二：要问对人。问题单单问得具体并不够，还要问对人，例如，可以找懂行情的、有经验的人来问。假如你在要跳槽还是卧槽之间苦恼徘徊的时候，向一个刚刚进入公司，甚至比你来得还晚的'新生'咨询，绝对得不出可借鉴的答案。"

所以，我们不论要得到更好的关系、更佳的工作，还是更周详的投资计划等，都需要找那些曾经成功或者已经成功的人，挖掘他们成功的经验，切莫病急乱投医，这样只能使事情变得糟糕。

"法则三：找到双赢的点。在办事的时候，绝不能单方面要求别人帮助你，要先留意他帮助你这件事将会给他带来什么好处。假设现在你有个创业的好想法，启动资金不够，想要借钱完成这个想法，办法就是找一位能借钱给你的人，告诉他你的想法如何能使双方都赚钱。当然，对方在意的未必全是物质方面的，也可能是一种感觉、一个交情或是一个理想。"

拿华尔街里常提到的一句话作一个例子：假如你向我借1万元，我想我没有多少考虑的必要；如果你说借钱是为了造福社区，我可能会有兴趣听一下；如果你告诉我，你借钱是为了使你自己和其他人获利，那么我也希望那对我也有利。

"法则四：要带着坚定的信心。如果你的话连自己都无法说服，又怎能说服别人呢？因此当你在说话的时候，不论是在言辞上，或是在神色举止上，都必须表现出十足的信心——相信你能达成目标，相信你会取得成功，相信这么做会使你自己和对方都能从中获得利益。"

这一点很好理解：对话里没有真实的情感，是难以打动人的。尤其是在办事的时候，对方大多是在动摇或者疑虑，如果这时你不能用自信给予其可以成功的暗示，那么对方肯定会比你更早地撤退。

"法则五：坚持不懈。这里并不是指一定要向同一个人要求，也不是始终用同一种方法去求，而应该运用变通的能力，不断地改变方式和调整方法，直

⊙在说话的时候，不论是在言辞上，或在神色举止上，都必须表现出十足的信心。

到达成目标为止。"

实际上，法则五是最好理解的，也是最难达成的。历史上留名的那些人，少有是一次成功的，他们大多是经历过挫折、自我调整、再次遇挫、再次调整……直到发现适合自己的道路，才取得了成功。对于我们来说，办事也很难一蹴而就，需要不断地调整，这样才会更快地找到合适的途径，提高办事的效率。

另外，安东尼·罗宾还特别举出一个很有意思的例子：我们日常说的"雪"，就是天上降落下来的雪花，或者是落在地上的积雪。对于生活在赤道附近的人来说，"雪"这一个词大致能表达出所有的意思。但是如果是在同爱斯基摩人讲话，那么单单说"雪"会让他们摸不着头脑，因为爱斯基摩人对于"雪"这个字便有好多种说法：有的雪是会崩塌的，有的雪是建造雪屋的材料，有的雪适合跑狗，有的雪是直接可以食用的……所以，爱斯基摩人会有很多种描述"雪"的词汇。

如果稍加注意，我们会发现，自己所说的话有许多都是不着边际的，旁人听了很难理解。所以，如果想要和别人顺利沟通，那么就得拨开这重迷雾。

大多数人经常使用许多空泛的词句，就是那些意义含糊的词句，造成沟通的失败，也使得事情难办成。因此，我们在说话之初要尽量准确、有效地传送有用的信息。这样，表达得越接近自己的本意，就越能表明自己的立场，也越容易得到他人的认同。

///【经典案例】///////////////////////////

小赵大学毕业后进入一家有名的合资公司做咨询工作。一开始，小赵的工作不是别的，就是拿着问卷调查在最繁华的商业地带做随机调查。

问卷调查的内容较为专业，也很冗长，小赵开始一直碰壁，即使拿着公司发放的免费电影票去拦截那些在金融街上匆匆而过的人，也还是很难。小赵从根本上怀疑这件事的可操作性。

"他们都是很忙的人，根本不会停下来做什么调查。"小赵泄气地在自己的工位上自言自语，恰巧被主管路过听到了。

"你是遇到什么困难了吗？"

"啊不，没什么，我会继续努力的。"

主管的关心让小赵很错乱。

"我知道你很用功也很能吃苦，你是做问卷的时候受到挫折了吗？"主管继续有耐心地询问道。

小赵点点头。主管沉吟了下："是，现在人们都很忙，那条街上的人基本每天都像打仗似的，肯定是不会因为几张电影票就停下来的。"

主管想了想，打了个响指，在小赵耳边说了几句。小赵点点头："我去试试。"

"看你的了。"主管拍拍小赵的肩膀，以示鼓励。

第二天，小赵照例上街，这次不同的是，小赵不是逛来逛去地拉人做问卷，而是在金融街最中心的地方摆了张桌子，并放置一个牌子：最难的金融问卷。不久就有人主动走过来。

"是什么样的题目？"小赵立刻递上问卷介绍起来，渐渐人越聚越多，人们纷纷从小赵那里领走问卷。

接下来的一个星期，小赵都是在金融街的中心坐着，发问卷，收问卷。原来，小赵将问卷调查变成了一次有评选的问卷问答比赛。

不久，公司在金融街中心摆下了擂台，很多人闻讯而来参与评选，这其中甚至包括不少的金融师、分析师，公司在评选问卷问答的同时，还宣传了公司自身。

///【问题案例】////////////////////////

和在金融街上进行问卷调查的小赵一样，小秦每个月也有半个月左右的时间都是在做问卷调查。

　　每每当小秦站在街上的时候，她拿着需要填写的表格，向路过的行人说着话，可是很少有人会听她说话，等她说完后，就都走了，没有人愿意配合。无论是怎样的情况，反正就是很少有人愿意停下来，花几分钟的时间来填个表。

　　但是小秦从来都没有进行思考，也一直没有找到好办法。就这样，每个月小秦都无法完成规定的工作任务。后来，小秦辞职了，带着疲惫的心和不满的情绪离开了这个城市。因为这个过程让小秦伤透了心。

【案例分析】

　　除了物质，人们关心的、感兴趣的，都可算作是关系到人们利益的内容，所以要从这些方面入手，这样办起事来才更容易事半功倍。小赵的工作是需要素不相识的陌生人停下脚步来帮助自己完成的，是较为有难度的，而这些可以提供帮助的人却又都很忙，因此小赵就需要换一个方式，让金融街上那些始终处于"战斗"状态的人主动接受自己的考验。果然，很多人愿意来尝试小赵的"超级难的金融问卷"。

　　而小秦没有换位思考，没有从他人的立场去思考，找到解决办法。这样不但无济于事，更会伤害到自己。

　　在职场中，无论是与客户、合作伙伴，还是与同事、上下级相处与沟通，都要考虑对方的心理感受和需要，这样才能谋求双赢，把事情做成功。

///【高手点拨】////////////////////////

1. 避重就轻的沟通法则

与他人沟通时，要清楚地表达出自身的需要，而不是目的。在求人办事的时候，或许我们需要详细地告诉别人自己的需求，但并不是一定要告诉对方自己的目的，除非那是关系到双方利益的，不然没有必要告诉对方。

2. 情感沟通法则

你寻求他人的帮助，对你来说必定是有好处的，但如果对方却没有好处，这该怎么办？没关系，这时候就用情感法则去打动对方。因为人与人之间的互相帮助并不是一定得有物质上的回报的。只是也得记住，不管对方出于何种心理和因由来帮助你，有可能的话，一定要在对方需要的时候帮助对方。好人缘也就是这么建立起来的。

3. "请求"对方的帮助

也许在寻求他人帮助的一开始，对方的态度会让你难以接受，但既然是"求"人办事，那自然最好是用"请求"的口气，而非命令，更不要颐指气使。

第三篇

情感口才学：

以情动人，
商场中不战而胜

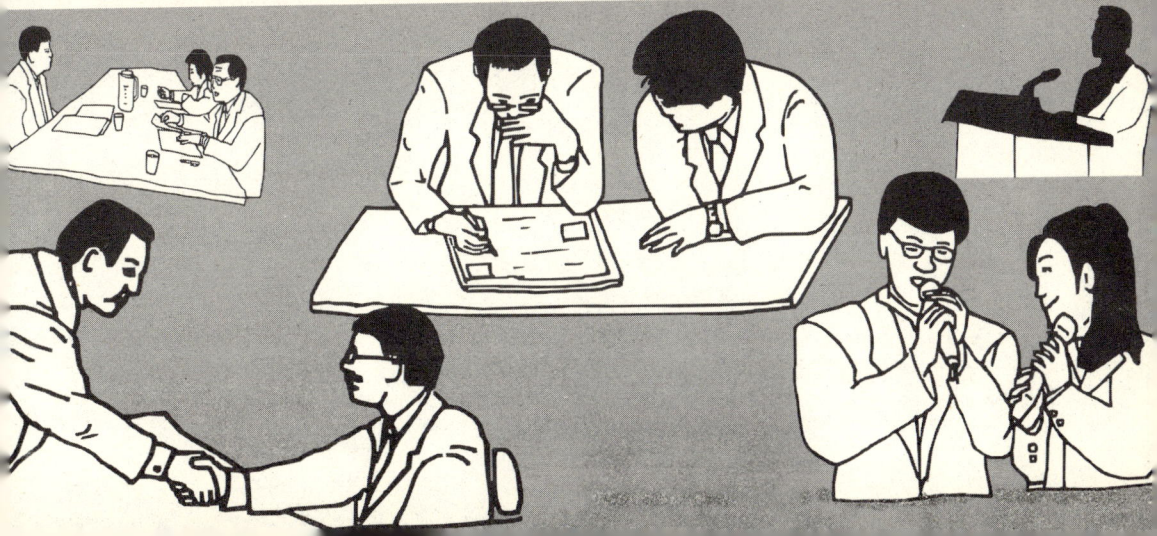

"

职场并不是战场，也充满了情谊。有人说："有人的地方就有竞争。" 其实，不如说："有人的地方就有感情。"

同样都是销售商品的业务员，为什么有的人的客户多，有的人的客户少呢？这其中有一个不容忽视的因素，就是人与人之间的情感。

人是需要群体的。如果处于一个不和谐的冷漠群体中，那么人们会逃离出来，去找一个充满温暖、友爱的群体。所以，在职场管理中，仁政永远比暴政得人心。而得人心者得天下。

古语有云："其身正，不令则行；其身不正，虽令不从。" 只有成为一个友好、温暖的人，才能够在职场中不断地向高处走去。做一个有情有义的人，自然会得到更多的贵人和朋友的帮助。

第七章
升职加薪：让心
帮你打开"薪"

01

爱默生的欣赏鼓励法：

雪中送炭是会被人永远铭记的

很多大人物在他们成名后都会有这样的回忆：曾经有这样一个人给了他们鼓励，使他们有了继续向梦想进发的勇气，没有放弃，由此他们才有今时今日的辉煌。锦上添花不算什么，雪中送炭才最可贵。当全世界的人都不认可你的时候，有这么一个人却偏偏看重你，这无异于是漆黑中的一道光，瞬间照亮了你的天地。

而反过来，你在有这种期望的同时，也别忘记你对别人同样可以有"光"的作用，你完全可以用自己的鼓励与帮助去让那些跌倒在黑暗里的人重新站起来。至少爱默生是这样做的。

1819年5月31日，他生于美国长岛一个海滨小村庄。5岁那年，他们全家搬迁到纽约布鲁克林区，父亲在那儿做木工，承建房屋，他在那儿也开始上小学。由于生活穷困，他只读了5年小学，便辍学在印刷厂做学徒了。工作虽然辛苦，却没有阻止他爱上浪漫的诗歌，他像发疯一样，没日没夜地写。

1855年7月4日，他自费出版了第一本诗集，初版印了1000册。薄薄的小书只有95页，包括十二首诗和一篇序。绿色的封面，封底上画了几株嫩草、几朵小花。他兴奋地拿了几本样书回家，弟弟乔治只是翻了一下，认为不值得一读，就弃之一旁。他的母亲也是一样，根本没有读过它。一个星期之后，他的父亲因风瘫病去世，也没有看过儿子的作品。

拿出去卖，很可惜，一本都没卖掉。他只好把这些诗集全都送了人，但也没有得到好报——著名诗人朗费罗、赫姆士、罗成尔等人不予理睬，大诗人惠蒂埃把他收到的一本干脆投进火里，林肯看后也险些给家里的人烧掉。

社会上的批评更是铺天盖地。伦敦《评论报》认为："作者的诗作违背了传统诗歌的艺术。他不懂艺术，正像畜生不懂数学一样。"波士顿《通讯员》则把这本诗集称为"浮夸、自大、庸俗和无聊的杂凑"，甚至写他是个疯子，"除了给他一顿鞭子，我们想不出更好的办法"。连他的服装、相貌都成为嘲笑的对象，"看他那副模样，就能断定他写不出好诗来"。

铺天盖地的嘲笑和谩骂声，像冰冷的河水，浇灭了他所有的激情。他失望了，开始怀疑自己：我是不是根本就不是写诗的料？就在他几近绝望时，远在马萨诸塞州康科德的一位大诗人被他那创新的写法、不押韵的格式、新颖的思想内容打动了。大诗人随即写了一封信，给这些诗以极高的评价：

"亲爱的先生，对于您那才华横溢的诗集，我认为它是美国至今所能贡献的最了不起的聪明才智的精华。我在读它的时候，感到十分愉快。它是奇妙的，有着无法形容的魔力，有可怕的眼睛和水牛的精神，我为您的自由和勇敢的思想而高兴……我揉揉眼睛，想看看这道阳光是不是幻觉，直到昨天晚上，我在一家报纸上看见本书的广告时，我才相信真有此书。我很想会见使我受到教益的人，并想定下一个任务，去向您致敬。"

这真诚的夸奖和赞誉，一下子点燃了作者心中那将要熄灭的火

⊙当全世界的人都不认可你的时候，有这么一个人却偏偏看重你，这无异于是漆黑中的一道光，瞬间照亮了你的天地。

焰。他从此坚定了自己写诗的信念，一发而不可收。1856年9月，增订的诗集第二版问世，共有384页。直到1892年他去世时，诗集已经出到第九版，里面所收的诗歌也由最初的12首发展到近400首。

他成为具有世界声誉和世界意义的伟大诗人，他唯一的诗集也成了美国乃至人类诗歌史上的经典。他就是美国现代诗歌之父——瓦尔特·惠特曼，那部诗集的名字叫《草叶集》。而当年那位写信对他予以赞美和鼓励的诗人，叫爱默生。

惠特曼最后能够成为享誉世界的大诗人，除了他的天才与勤奋之外，与爱默生的欣赏和鼓励也是分不开的。

人们终其一生都在创造价值，追求自己于社会于世界的价值。这也是我们为什么去工作，为什么有人会去做义工的缘故。我们在创造物质财富的同时，也尽力给予他人和这个世界精神上的安慰。

爱默生就是这样做的，他用自己独特的品味去安慰了一个心灰意冷的青年，同时也造就了一位伟大的诗人。

///【经典案例】/////////////////////////

皮特曾是一个老板兼推销员，他卖掉自己的房子购进一批医疗仪器，然后自己一边推销，一边维持家人的衣食住行等开销。但是很快，皮特的创业梦就变得苍白无力了，皮特所进的医疗仪器，只比同类作用的仪器要精准一点，价格却贵上许多。皮特的生活陷入困境，他和妻子凯莉没有钱，儿子马克只能送到私人幼儿园那里，并且整天看电视。这一切都让皮特感到担忧。终于，凯莉离开了皮特，皮特与儿子马克开始相依为命。皮特没有钱，没有住处，还要养活马克，但似乎全世界都抛弃了这对父子。

一次偶然的机会，皮特看到了金融街上最著名的一个金融师奎安，皮特跟在奎安的后面，表达了自己对他的敬仰之情，奎安很忙，根本没有功夫搭理皮特。皮特与其同乘一辆出租车，一路上皮特不断地说，推荐自己，奎安就在玩一个魔方，但他玩得很不好，皮特接过去，很快弄好了，然后还给奎安。奎安很惊讶，他开始正视这个年轻人，给了他一张自己的名片，安排他进入自己的公司做实习生。

实习生时期是没有钱的，但皮特仍然需要日常的开销，他的存款被银行收走，甚至一度因为无法交税被关进监狱。但皮特坚持了下来，其间奎安遇见过皮特几次，他询问皮特过得是否还好，皮特坚强地说一切都好。

最后皮特参加考试，并成功留在了公司，与奎安成为同事。后来皮特后来居上，坐上了比奎安还高的位置，但两个人仍然是相处融洽的朋友。奎安后来自己创业也遇到了瓶颈，是在皮特的支持下渡过难关的。奎安感激皮特，皮特说："哦，不！你大概永远也不明白你做了什么，但真的，该说谢谢的人是我。"奎安则说："我懂，我懂。"他们从对彼此雪中送炭的帮助当中体会到了对方的重要性。

///【问题案例】/////////////////////////////

魏海在公司工作三年了，但是和他共事过的人没有一个变成了他的朋友。这一切都怪魏海的为人，他是一个锦上添花的人，而不是雪中送炭的人。

同事有需要帮忙的时候，魏海只要是知道了，就躲得远远的；一旦躲不开，他也要想尽各种办法，尽可能地不出力。一开始同事不清楚，会找他帮忙，但是时间一长，大家都了解了，也就不多此一举了。而魏海看到别人都被人找去帮忙而没有人找他时，还不知惭愧地自鸣得意。

但是只要是有同事升职了，魏海总是在第一时间出现在那人面前，表达一番溢美之词。所以，魏海这样的人，也难怪人缘不好。

【案例分析】

　　命运有高有低，但都是一时的，只有人与人之间无私的互相帮助是永远值得铭记的。在皮特最落魄、最不知所措的时刻，是奎安的终于点头给了他机会；而在奎安事业出现问题的时候，又是皮特给予了他无私的帮助。

　　对待任何人、任何事，都不能只想着锦上添花，而不雪中送炭。做人绝对不能像魏海那样。

　　在困难、窘迫的时候，哪怕是有一个力量很小的人向我们伸出援手，我们的心里都是会觉得非常温暖的。因此，在他人需要帮助的时候，给予帮助；在他人寒冷的时候，给予温暖——这才是对他人最好的支持与帮助。

//// 【高手点拨】 //////////////////////////////

1. 重视交往中的鼓励和感谢

　　这个世界上有两件事最无法预测，一个是你会爱上谁，一个是谁会成为你的仇人。其实还有一个人是我们所猜测不到的，就是谁会成为我们生命中重要的良师益友。无论对方出于何种心情或者目的，当对方帮助正处于下风的你时，我们都该感激，一定要表示"感谢"。但有些人帮助你是不图你这一句"谢谢"的，这种情况下我们也应当以恰当的、双方都可以接受的方式表示感谢。在人与人的交往中，互相鼓励和感谢是非常重要的。

2. 让别人了解自己才能去吸引机会

　　你想要什么，你就得散发出同样的气场，向合适的人表现你相应的长处，告诉对方你擅长什么，你喜欢什么，你能做什么，愿意做什么，说服对方来了解你，那么你才有可能获得机会。

3. 学会在他人的生命中雪中送炭

在获得帮助的同时，务必记着有一天你也要这么帮助对方甚至别人，因为你已经感受到了因为这份帮助人生有多么不同。不要吝啬，多对别人微笑，多鼓励别人，这也是获得好人缘的一种方法。

02

齐格·齐格勒的分步分析法:

一步一步打消客户的疑虑

　　齐格·齐格勒是世界上最成功的十大推销大师之一,令人吃惊的是,他是依靠推销厨具而为世人所知的,更加令人吃惊的是,他当时推销的这种不锈钢锅虽然质量非常好,十分结实耐用,但是它的价格更加的"好"——几乎比正常的锅要贵上200美元。所有的顾客听完他的介绍之后,都不得不摇头感叹,"价钱太高了!"

　　那么,齐格·齐格勒是怎样把这种价格惊人的不锈钢锅卖出去的呢?

　　"是的,确实如此,"齐格勒说,"我们的锅比市面上一般的锅要贵一些。太太,您认为它能够用上几年?"

　　"嗯,我想想。坦白地说,它的质量相当好,我想不出它坏掉的样子。"

　　"没错。最少能用10年、20年甚至是30年吧?"

　　"应该可以。"

　　"那么,您看,"齐格勒接着说,"就让我们假设一下,就算它只能用到10年,也就是说,您只需要每年多支付20美元,就能得到这样一把省心、方便的锅子，是这样吗？"

"确实。"

"那么，每个月呢？"

"稍等，"太太取来计算器，打上了几个数字，然后略微惊讶地回答："每个月只用1.75美元。"

"那请问您一天需要做几次饭呢？"

"两三次，正常时间里。"

"也就是说您一个月至少需要做60次喽？这样看的话就很清楚了，每一顿饭，您只需要花上3美分甚至更少。您对于这个数字和这把结实耐用的锅子，都是可以接受的吧？"

"一点儿没错。"

接着，这位太太拿着锅满意地走了。

乔格勒确信自己的产品对客户是有用的，但尽管产品有亮眼的品质，可是却并非是一定要替换的产品，因此乔格勒就需要花心思来解除客户的防备、客户的顾虑。在客户有顾虑之前，先制造客户的顾虑。因为客户有锅，根本不用考虑锅的问题，因此乔格勒就从自己产品的角度出发去引导客户思考，最终得出的结果是乔格勒的锅更实惠、更划算。

///【经典案例】/////////////////////////////

霍尔是一家药品公司的销售员。他销售的产品是针对人们的抑郁症问题的。越来越多的人受到抑郁症的影响，但是又不自知，而且没有人愿意主动承认自己有病。但是霍尔不气馁，为了销售药品，他亲自到心理医生的诊所去坐镇开药。

"您好，请给我看看你的药方。"霍尔礼貌地对一位来诊所咨询的人说。

"不！不好意思，我觉得我不需要药物治疗。"

"可是您出来之前关大夫给了我电话，说您需要药物。"霍尔耐心地说。

"但是心理方面的病怎么能吃药就好了呢？"

"嗯，您说得不无道理，不过您介意把关大夫开的单子给我看一下吗？"

霍尔的要求得到了对方的回应，霍尔看了看单子。

"您的抑郁症状看来还不是很重。您现在是不是晚上睡不着，无缘无故地流泪？"

"是的。"对方老实回答的也都是抑郁症的普遍表现。

"那好，我再问一个问题，您有没有那种在热闹的时候忽然听不到旁边的人说的话的经历？那有点类似于失神，但更好像是……"霍尔想了想措辞，"好像你在反应前一个人说的话，但实际上谈话已经进行很久了。"

"啊，好像是有一点。"

"我觉得在里面关大夫肯定也跟您说了，这个抑郁症就是得正面面对。您连治疗的药物都不愿意吃，说明您没有正视它，如果您自己这样不重视，不愿意采取药物治疗，很难说它不会更影响您的工作、生活。您说是吗？"霍尔说着把药单又微笑着递还给客人。

"呃……"客人接过药单踟蹰了一下，"真的会继续严重吗？"

霍尔答："怎么说呢？并不是说一定得吃药，但是请您务必保持正面的态度看待抑郁这件事。毕竟现在社会竞争激烈，工作繁重，人们的抑郁现象较为常见。"

客户却又继续说："你好像是个药品销售吧？"

霍尔看了客户一眼，干脆地拿出一瓶药："是的，既然您问了，那不妨看一看我们的产品。"

客户接了药，却又说："你是想卖药给我，那凭什么还要我相信你前面说的那些呢？"

霍尔笑了笑，摇摇头："因为您需要，所以我才说要积极面对抑郁，但是我没说您必须得买我的药；即使您不买我的药，我也还是会告诉您要积极面对抑郁。"

客户看看药瓶："可是'是药三分毒'，我如果吃药会产生依赖吗？"

"如果您心态调节得好，逐步减少药量，您会发现您可以应付生活中的各种小情绪。实际上我想告诉您的是，人生不如意事十之八九。有的时候不开心，比较正常，因为没有不开心也就不存在开心的感觉。而吃药，怎么说呢，如果您的精神在短时期内受到极大的压力，或者受压密度过大，一旦承受不了，就会出现抑郁情况，而药物会帮您缓解。我也建议您多多享受生活，这样才能更好地工作。"

"嗯，你说得真好。你的药我买了，你可以给我写个用药说明吗？比如在什么情况下我可以减少药量了。"客户主动和霍尔讨论起他的产品。

……

"也许是因为产品的特殊性，我接触的客户大多较为敏感，也不够阳光，异议自然也比较多，然而实际上对他们来说，这些可以理解为是希望得到关注的一种表现。而我要做的，就是从他们的需要以及产品的作用出发，让他们之间很好地联系起来，既销售产品，但是更主要的是解决人们的健康问题。"霍尔不无感慨地说。

/// 【问题案例】 /////////////////////////////

菲菲的新工作是销售按摩椅，但是已经一个多月了，菲菲还没有销售出一台。这究竟是什么原因呢？原来，菲菲是一个毫无耐心的人。

因为很多人还未对按摩椅有一个清晰的了解，所以也就不会轻易地决定买一台。每当菲菲推销时，面对别人的询问，菲菲总是一副不耐烦的样子，无精打采地回答着顾客的问题，只要别人多问几句，菲菲就会对人家说："你买不买啊？不买还这么多问题！"领教了菲菲这种态度的顾客自然是识趣地走了，而想买的顾客会找其他的销售人员。已经购买的顾客在推荐顾客时，当然也是介绍给别的销售人员。

【案例分析】

人都有避害心理，推销过程中的客户格外如此。在霍尔的案例中，对方还是一个患有抑郁症的心理疾病患者，那么要说服这样的客户就更不容易了，但是霍尔用真诚的态度、诚恳的表达方式，一步步解除客户的防备，推销了产品的同时也帮助了客户。

将商品推销或销售给顾客，本来就不是一件容易的事情，所以在一步一步打消客户的疑虑之前，我们先要树立起一个耐心、礼貌的态度。既然销售或推销是我们的工作，那就要把它做好。顾客的询问、提问、质疑是在所难免的，这就需要我们有一个正确的姿态。如果我们介绍、回答、讲解得好，顾客自然就会自动自发地购买；就算当时还犹豫，没有买，过后也是有可能买的。

/// **【高手点拨】** ///////////////////////////

1. 学会对问题进行分解

有的时候，别人对你的拒绝乍一看很有道理，是一个很难解决的问题，其实只要你仔细分析就可以发现，每一个大问题都可以分解成无数的小问题。大问题固然很难解决，小问题却只要各个击破，就能解决。因此，分步解析是很重要的，因为只有这样才能一步一步引领他人向你的方向前进。

2. 积极回应客户的疑虑，打消其防备

对客户的疑虑应当积极回应，在感染客户的同时，可以让客户放下戒备。客户越怀疑，我们的态度越要真诚。交谈过程中态度要诚恳，这样才容易让客户放下戒备心理。客户的疑问是层出不穷的，甚至是匪夷所思的，在这种情况下更能体现我们的专业与职业操守，而这也代表了我们向客户接洽的事务是否令人可信。因此，积极回应客户是十分重要的。

3. 以帮助客户的态度来说话

只有当你确信自己是在帮助客户，是在做对客户有益的事情，你的态度才会感染他，这样在推销过程中你才能真正地为客户设身处地地着想，从而获得客户的信任。

03

毕加索的旁敲侧击法：
引导比劝导更有效

开创印象派画风的伟大艺术家毕加索，时至今日仍然为人们所推崇。可是谁又能想到，这样一位无限风光的大画家，也曾经有过不堪回首的岁月。

毕加索初到巴黎，谁都不认识他。在巴黎夹着一块画布为生的年轻人实在太多了，而画店的老板却大多数只是附庸风雅，在大堂中摆放着当时的名家名作。尚未成名的毕加索四处碰壁，穷困潦倒。

他身边只剩下了15个银币。如果再不能卖出自己的画，那他只能离开巴黎回到老家。在巴黎最后的日子里，毕加索孤注一掷，作出了他人生之中最具有转折意义的一次策划。

在这之后的一个月中，整个巴黎的画廊老板都快发疯了。每天至少会有一两个人来画廊转悠，左看右看，却什么都不买。可是临走之前，他们都这样问道："请问，这里有毕加索的画吗？"

"请问，这里有毕加索的画吗？"无数次的询问，使得毕加索的名字犹如明星般在画商的圈子里炸开了。"谁是毕加索?有谁看过他的画?"人们按捺着激动的心情，四处打探着。直到一个月之后，毕加索带着他那些许久都无法卖出的画出现了。

　　他的出现好比是一场旱灾之后的及时雨。画商们很快将他的画一买而空——于是，这个被巴黎主流画界一直拒绝于门外的艺术家一举成名。

　　原来，毕加索用那15个银币雇佣了几个大学生，成功地将自己生涩的身份进行了掉转，从而使人们更早地欣赏到了他那天才般的艺术才能。

　　毕加索的人生策划，真正地改变了他一生的命运。

毕加索这种特殊的"自我推销法"，让人们更快、更早地认识到自己的才能，让别人来购买自己的画作，改直接的劝导为间接的引导，从而获得了巨大的成功，引起了别人的关注。

/// 【经典案例】 /////////////////////////

　　亚当在成为顶级销售之前，曾在普通销售的级别挣扎许久，然而一次销售开启了他对销售这份职业的全新认识。

　　苏珊是一家企业的中层管理者，她三十出头，胖乎乎的，因为努力工作、长期加班，脸色不是很好看，表情也总是很严肃。亚当当时作为一名销售新人，销售经验也不是很多，他当时销售的产品是一种女性用品。

　　"我们公司产品的主要作用是改善办公室女性的身体机能，是纯天然产品，我们的健康理念是：适量锻炼与微量元素的补充，让白领女性更快乐、更健康。"

　　"不，我很健康。你看我的体格，还会觉得我需要这种保健品吗？"

　　分不清苏珊是自嘲还有认真的，总之苏珊一口就回绝了亚当的销售，甚至还未听亚当介绍他的产品种类。亚当一时不知道该说什么，苏珊却不停歇地看文件，当时是夏初，天气稍微热起来了，办公室还没有来得及开空调，苏珊已经满头大汗了。

亚当想要说，苏珊尽管胖，但其实并不一定就健康。但他没有说出来。亚当只是将一样产品的小样和这份产品的资料拿出来放在苏珊的桌子上，然后离开了。不出三天，苏珊的秘书打来电话，让亚当送去更多的这种产品，亚当虽然亲自送去产品，但没有见到苏珊。

对亚当来说，苏珊是一个奇怪的客户，因为亚当基本上没有对她多费多少唇舌，苏珊却成为了亚当的长期顾客。终于有一天，亚当再次见到了苏珊，这一次的苏珊差点让亚当认不出来：苏珊很明显瘦了下来，脸色也好看，整个人的精神非常好。

"谢谢你，亚当！"

"谢我什么？"亚当对苏珊表示的感谢非常困惑。

"谢谢你的产品。"

"我没有做什么，那是你自己的选择。"亚当如实回答。

"不，是因为你！"

亚当留在苏珊桌上的小样是一款纯天然的左旋肉碱产品，这是一款针对运动人群的瘦身产品；更重要的是，在亚当留下的产品资料上，有很全面的产品理念，即如何健康、快乐地去享受生活。这对于长期扑在工作上的苏珊来说，影响可能更甚于产品。

但是倘若亚当当时坚持对苏珊陈述产品功效，指出苏珊的胖令其很不健康，苏珊还会使用亚当的这款产品吗？

"这正是让我突然开窍的部分，尽管我没有对我的产品进行多少解说，但是我的方式让完美主义、自尊心很强的苏珊感到很适用，所以与其说是我的产品给她带去了愉悦，不如说我的销售带给了她改变，让她能够变得健康、快乐，我觉得这是销售工作最了不起的地方。"亚当深有感触地说。

/// 【问题案例】 /////////////////////////////

　　尹锋刚做部门经理的那段时间，工作开展得并不顺利。这是因为有的下属工作做得并不是很理想，可以说是差强人意，所以，他总是耐心而细致地劝导他们。这样的工作尹锋几乎每天都在做，但是却也没有收到什么效果。而那些能够保质保量地完成工作的下属，不知为什么渐渐地也开始不那么尽如人意了。

　　面对这种情况，尹锋很是头疼。他开始找原因，可还是觉得没有什么问题。他想，自己总是经常地劝说下属"要认真工作啊，这次完成得不太好啊，认真点下次才能改进啊"、"好好工作，不要再犯同样的错误了"……没有什么问题啊！这样劝导大家，怎么成绩还是这样呢？认真思考过后的尹锋还是想不明白。

　　一天，公司高层的会议结束之后，尹锋的上级找他谈话，说："这次的成绩不太好，和项目策划得太高端有很大的关系。一高端，消费者人群自然就会减少很多。以后在这一点上调整策划方案的方向吧！"

　　这次谈话给了尹锋很大的启发。"自己平时总是在劝导、鼓励大家，但是却没有指出问题的所在和需要改进、调整的方向。而这才是我应该引导大家的。"从这以后，尹锋再没有劝导过大家要如何努力，而是指出应该改进的地方，引导大家具体地改进。这样，整个部门的工作效率和成绩在很短的时间内就有所提高了。

【案例分析】

　　同样一件产品，客户从一个销售精英和一个普通销售员那里分别获得推销，感受一定是不同的。好的销售方式应该更多的是引导，引导客户去发现产品对自身的好处，而非一味地劝导客户购买产品。亚当就是这么做的。亚当对苏珊的销售与其说是推销，更像是"引导"，让对方在不知不觉中对产品产生了印象。

面对消费者，销售人员需要的是引导，而不是劝导。面对职员，也是一样的道理。鼓励固然重要，但是一味地劝导，并不能使职员明白行动的方向和具体的改进地方。

人人都好为人师，但是每个人也都不喜欢别人来当自己的老师。所以，无论是作为销售者，还是作为领导，都要让自己掌握引导的能力，而不是一味地进行劝导。

/// 【高手点拨】 ///////////////////////////

1. 用委婉的方式提醒他人

有些话不必说得那么明白。也许我们都知道大家是在为公司、为客户、为整个集体好，但是可能在表达意见的同时，也指出了对方的痛处，这就得不偿失了，所以，委婉的提醒与引导会更好。因为在维护团队之前，首要的就是维护团队内个人与个人之间的关系。

2. 不要直接碰触客户的私人问题

不要直接去问客户一些很私人的问题，诸如身高、体重，尽管你让客户回答不上来了，得以继续介绍你的产品，但是无形中你也得罪了客户，这点一定是要不得的。

3. 让客户主动对你产生兴趣

通过施展个人魅力，好过直接喋喋不休地推销产品。当客户对你个人产生兴趣时，他们也会乐意听你介绍产品，甚至购买使用。你可以表现得专业、权威、洁净、得体，这样客户就会愿意与你亲近，与你产生联系，与你共事。

04

里根的玩笑风波：

不要让黑色玩笑给你惹祸

在工作之余，与办公室里的同事聊天开玩笑无可厚非，不伤大雅的同时还能与同事打成一片，那是最好不过了。但是凡事都有一个度，这个度一旦拿捏不好，就很有可能像"好心办坏事"一样收到反效果。看一看美国总统就知道了，就连里根也不能幸免。

1984年8月11日，时任美国总统的里根跟全世界人开了一个天大的玩笑。这一天，他接受了一家很有影响力的电视台的访问，在试音时，他煞有介事地对着麦克风说到："My fellow Americans, I'm pleased to tell you today that I've signed legislation that will outlaw Russia forever. We begin bombing in five minutes。"（美国同胞们，今天我欣然向你们宣布，我已经签署了宣布苏联为永久非法的议案。我们在5分钟内开始轰炸行动。）可以想象，里根的这句戏言引起了多么大的影响。几乎在几分钟以后，苏联就着手准备反击，一时间人心惶惶。

后来，在里根的自传里，他坦承地说这句话只是一个玩笑，尽管有许多人并不相信。这句话实实在在地影响了美国和苏联当时谈判的进程，造成的恐慌远比里根想象中来得大。不少后人因为这一个黑色笑话对里根诟病不已，因为没有人喜欢一个口不择言的政治家，毕竟这样的人不能使民众产生信任和认同。

要知道，作为政治家，里根的话或许有试探的成分，但这个黑色笑话却没有带来预想之中的效果。要知道，黑色笑话本身就是一种对尺度的探询，很遗憾的是，这个尺度大家都很难把握，也就是说，大多数时候，黑色笑话只能带来负面的效果。尤其是在职场当中，人际关系并没有生活中那么简单，有时，说几个大家心照不宣的黑色笑话无伤大雅，但更多的时候，黑色笑话只能使人反感。

/// 【问题案例】 ///////////////////////////

看看朱利安的故事，我们对黑色玩笑的破坏力就会多些了解。

朱利安是个年轻美丽的女孩，刚毕业就来到了公司，工作十分认真，人也热情，总是能给办公室里的人带来欢笑。但这样可爱的朱利安，却始终得不到领导的青睐，工作权责一直局限在初入公司的标准。

这一天，朱利安要赶到海关去报关，有一批货正等着她赶紧运转调配。她一大清早就起床，东跑西跑地办理手续。当她满身疲惫回到办公室时，主管不但没体谅她的辛苦，反而一通训斥，说她工作效率下降，事务处理慢了，连累了小组的工作进度。

朱利安很费解，她找到一个相熟的HR专员，向他请教自己有哪里做得不当。专员和她聊了一会儿，启发她说："既然你工作上一直很认真，那是不是在其他地方惹恼了主管，或者是言语上冲撞了他呢？"

朱利安想了一想，点了点头，"是的，我经常和同事开玩笑，有

　　⊙在职场当中，人际关系并没有生活中那么简单，更多的时候，黑色笑话只能使人反感。

时也会和主管逗几句。我觉得，这没有什么吧？"

专员认真地看着她，说："也许你觉得没有什么，但是主管记在了心里，或许你的话给他带来了伤害。"

朱利安回想了一下，无奈地低下头，说："很可能。前天一位老客户来到公司续签合同，主管的签字十分漂亮，大家都在夸，客户也赞不绝口。我当时也没多想，直接说了一句话：'肯定漂亮了，主管这一笔古典的签字可是背着大家练了三个月了。'当时主管似乎有些尴尬，可我也没多在意。现在看来，可能就是这个笑话惹的祸！"

专员盯着朱利安打量了一番，忽然说出几句令她摸不着头脑的话："看看，你这一身衣服，搭配得可真是糟糕透顶，或许跳蚤市场上最廉价的行头也比它们要来得好！"

听了专员的话，朱利安有些恼火，正当她想说些什么的时候，专员又语气平静地对她说："看，这就是你的笑话带来的效果。记住这种感觉，你就该明白黑色笑话对于人际关系有着多么大的破坏力。或许你自己并不觉得，但这种揭人短处的话，会让人感觉你很刻薄，连说话都带有攻击性。尤其是面对领导的时候，黑色笑话要不得。"

听完专员的话，朱利安深思了很久，找到了主管对自己产生偏见的症结：不恰当的玩笑，破坏了自己和主管之间的关系，使主管对自己产生了恶感。

【案例分析】

看了朱利安的例子，我们应该知道黑色玩笑在办公室里有着多么大的破坏能力。站在自身的角度来看，我们不会喜欢这种玩笑；同样的，别人也不会喜欢。所以，在办公室里，尤其是在面对领导时，尽量避免黑色玩笑，以免惹祸上身。

1. 对别人开玩笑应当谨慎

祸从口出，患从口入，别拿同事或者上司的私事开玩笑。或许别人可以，但你不可以；或许一次两次可以，但一直这样就不可以。另外，职场中切忌开性别玩笑，这十分敏感，最好不要说关于性别的笑话。

2. 不要成为谣言的传递者

传递谣言的同时毁掉的是你自己的前途，不要为了娱乐乱传话，以讹传讹。很多办公室的矛盾和误会就是这么产生的。你可能会觉得自己所说所传的是别人的事情，没有什么大不了。殊不知，正是这种不负责任的心态和行为，会毁掉你的职场前途。

3. 好口才的关键是有的放矢、张弛有度

好口才的关键是有的放矢、张弛有度；坏口才的典型却是大放厥词、乱开玩笑。在你认为自己很幽默的时候，也许已经引起了别人的厌恶和恐慌。好的口才能够帮助自己拓展人脉、办成事情、获得他人的尊重和喜爱；而坏的口才尽管听起来非常精彩，舌灿莲花，却能够使别人不信任、办砸事情、使你失去他人的爱戴。

第八章
管理执行：学会
刘备柔情管理法

01

希拉里的宽容待人法：

让宽容为你赢得更多掌声

如果你仔细观察就会发现，公司内部的高层管理人员大多数给人的印象是彬彬有礼、态度温和，甚至"温柔"。这一类的管理者在承上启下的管理工作当中，能够妥善地完成上面交代的任务，也能够很好地向下布置任务。他们似乎比一般人更能承受外界的压力，让人们发出"他们的确有领导才能"的这种感叹。

"她不可能卖得好，我敢打赌，如果超过一百万本，我把鞋子吃下去。"这是一位脱口秀主持人针对美国总统克林顿的妻子希拉里写的自传的辛辣评价。上天往往喜欢捉弄把话说绝的人，希拉里的自传没过几个星期就畅销了一百万本。主持人该品尝鞋子的味道了。

没错，他的确吃鞋子了。不过，鞋子的质地不同寻常——主持人吃下的是总统夫人特意为他订做的鞋子形状的蛋糕。那味道一定棒极了，因为它里面加了一种特殊的调料——宽容。

卖书，吃鞋子，都不算大事，希拉里很清楚这一点。她是一个总统夫人，她要的是一种更近于社会公共知识分子的影响力，而不是娱乐八卦的头条。所以一个节目主持人对自己的非议，或许可以成为一个曝光和宣传自己的机会。但面对主持人的嘲讽，希拉里并没有给予他猛烈的回击或等着看他吃鞋子，而是用一种幽默、宽容的方式巧妙地化解了这场矛盾。希拉里选择用一种宽容的方式来回击对方，请对方吃鞋子型的蛋糕，而非对方自己赌咒发誓所说的鞋子——那可是真鞋子。总统夫人因宽容而更加让人敬佩，蛋糕鞋子因宽容而更加美味可口。

/// 【经典案例】 ////////////////////////////////

艾玛年幼的时候家境不好，妈妈并不常带她光顾商店。但有一年小艾玛过六岁的生日，艾玛的妈妈作出一个决定，带小艾玛去蛋糕店买一个生日蛋糕。

"当时蛋糕店的销售是一位漂亮的姐姐。"艾玛回忆道，"当时她为妈妈介绍蛋糕，妈妈一遍遍地问'有没有再小一点的蛋糕'，那句话让我羞愧难当，我恨不得立刻拉着妈妈的手离开蛋糕店，宁愿不要过生日吃蛋糕了。"

双眼里渐渐蓄满泪水的小艾玛跟在妈妈的身后，她不知道该怎么告诉妈妈自己的心情，只希望妈妈不要再为了让自己吃一块蛋糕而这样做。

"抱歉，女士，我们没有更小的蛋糕了。"蛋糕店的姐姐如是说道。

"我……我，只是想让我女儿尝一尝蛋糕的味道，不用特别大……"

蛋糕店的姐姐沉吟了一下，继而对小艾玛的妈妈说："这样吧，让孩子尝一尝喜欢哪种口味吧。"

"我被母亲拉扯着推到蛋糕店姐姐的面前，她拿出一块蛋糕和一个勺子准备让我试吃。"

"啊，张嘴。"蛋糕店的姐姐拿着装有蛋糕的勺子对小艾玛说。

小艾玛起初坚持不肯张嘴，"快点张嘴，艾玛。"妈妈使劲地推着艾玛。

艾玛张嘴了，蛋糕香甜柔软，可这第一口蛋糕的滋味却也让艾玛的眼泪流了下来。蛋糕店的姐姐顿了顿，像是没发觉一样继续热情地喂艾玛一口又一口的蛋糕，直到最后艾玛发现，蛋糕店的姐姐眼睛里也充满泪水。

艾玛说到这的时候，泪水再次夺眶而出。

"其实当时时局紧张，经济环境并不好，蛋糕店更不存在试吃，更何况……那位姐姐喂了我很多蛋糕，后来妈妈也说：'当时只是想让年幼的你能尝到蛋糕的滋味，实际上却不知道会给别人带去多大的麻烦。'那位姐姐很有可能被辞退。"

此后很长一段时间里，艾玛都再也没有见到那位蛋糕店的姐姐，直到很久以后，艾玛才终于找到她，那时她在另一个地区，独自经营一家蛋糕店。

后来艾玛作为一个顶级销售，为当年的蛋糕姐姐出谋划策。她与蛋糕姐姐的故事传开，很多人慕名而来，只为了品尝"泪水蛋糕"的滋味。

///【问题案例】/////////////////////////////

好多年前，有一对老夫妇，妻子穿着一套褪色的条纹棉布衣服，丈夫穿着布制的便宜西装，也没有事先预约，他们就直接去拜访哈佛的校长。

校长的秘书在片刻间就断定这两个乡下老人根本不可能与哈佛有业务来往。

先生轻声地说："我们要见校长。"

秘书很有礼貌地说："他整天都很忙！"

女士回答说："没关系，我们可以等。"

过了几个钟头，秘书一直不理他们，希望他们知难而退，然而他们却一直等在那里。

秘书终于决定通知校长："也许他们跟您讲几句话就会走开。"

校长不耐烦地同意了。

女士见到校长后说："我们有一个儿子曾经在哈佛读过一年，他很喜欢哈佛，他在哈佛的生活很快乐。但是去年，他出了意外，我丈夫和我想在校园里为他留一个纪念物。"

校长并没有被感动，反而觉得很可笑，粗声说道："夫人，我们不能为每一位曾就读于哈佛而后去世的人建立雕像。如果我们这样做，校园就会变成墓园了。"

女士说："不是，我们不是要竖立一座雕像，我们想要捐一栋大楼给哈佛。"

校长仔细地看了一下他们身上穿的条纹棉布衣及粗布便宜西装，然后吐出一口气说："你们知不知道建一栋大楼要花多少钱？我们学校的建筑物可是超过了七百五十万美元。"

这时，女士抬头看了眼语气傲慢的校长，低下头思索着什么。

校长见女士沉默不语，顿时高兴起来，以为总算可以把他们打发走了。

这位女士转向丈夫说："只要七百五十万就可以建一座大楼，那我们为什么不建一所大学来纪念我们的儿子？"

就这样，斯坦福夫妇离开了哈佛，到了加州，成立了斯坦福大学，以此来纪念他们的儿子。

【案例分析】

蛋糕姐姐完全可以把艾玛和妈妈礼貌地请出蛋糕店，但她没有，而是在可能会失去工作的情况下满足了艾玛的愿望。她的宽容待人给艾玛留下了深刻的印象，也影响了她的销售生涯。而在若干年后，艾玛找到了蛋糕姐姐，并且要帮助她实现更大的梦想。

而相比之下，哈佛大学的这位校长呢？看到面前的两位老人家衣着朴素，就以貌取人，从言语间就能感觉到他的小气与不宽厚。

对他人宽容是不以任何条件为前提的，不能对有钱、有权的人宽容，对普普通通的无钱、无权者就不宽容。

///【高手点拨】///////////////////

1. 让宽容成为你的座右铭

成为宽容的人，或者成为在口头上宽容的人也行。小小的一句谅解能够产生极大的效果。你永远不会知道你的一点小宽容会给他人带去多么大的震动，因此，要想获得人们的认可和掌声，不妨就对人宽容以待，这样你所做的一切、所说的一切都会有人愿意去关注，也会有人愿意去帮助你，去为你的成功而欢呼。

2. 为自己赢得平和的印象

宽容是一种方式、一种手段，它可以让你获取好人缘。这里的宽容并非徇私舞弊，而是你给他人留下一种平和的印象，这很重要。因为宽容并不意味着你要给其他人开小灶或者后门，而是要你在做好自身本职工作的同时，也能宽容地帮助其他人。

3. 宽容的人更有领导才能

事实上正是如此，如果你想获得更高的位置，就需要变得更加宽容，这样才能获得他人的爱戴和尊重。宽容别人的同时实际上也在宽容自己，你用宽容的话语与别人沟通，别人应该也不会故意去难为你。将心比心，大家都希望自己是个既宽容又睿智的人，并愿意相信对方也如此。

02

麦克阿瑟的坦然认错法：

让诚恳为你赢得更多尊重

无论时光流逝、地位变迁，他从未忘记并肩战斗过的战友——哪怕是败军之将，在他心里依然是英雄。

道格拉斯·麦克阿瑟是二战中最耀眼的将军之一。他戎马一生，先后参加过两次世界大战，39岁出任西点军校校长，被誉为"西点之父"，50岁时又成为美军历史上最年轻的陆军参谋长。而他一生中最荣耀的时刻，定格在1945年9月2日，这一天他以盟军总司令的身份主持了日军投降仪式。当他在日军投降书上签名时，竟同时掏出了五支钢笔。举世瞩目之下，他为何作出如此奇怪的举动？

他心里有个永远的痛。

1941年底，日军偷袭珍珠港，太平洋战争爆发。时任美军总司令的麦克阿瑟驻守菲律宾，率部与日军顽强作战，但是由于美国在战争初期准备不足，加上敌众我寡，无法抵挡日军潮水般的攻势，败局几乎已定。麦克阿瑟誓与菲律宾共存亡，甚至连自杀用的手枪都准备好了，可是美国政府不想因此失去一员虎将。次年3月，在罗斯福总统的电令再三催促下，麦克阿瑟只好孤身撤离了菲律宾，前往澳大利亚接管西南战区。

一个月后，菲律宾全境沦陷，9万美军被迫向日军投降，麦克阿瑟的手下爱将温赖特将军和英军司令亚瑟少将同时被俘。这是美军历史上规模最大的一次缴械投降，更是麦克阿瑟军事生涯中最惨痛的一次失败。

到达澳大利亚，麦克阿瑟依然受到了人们英雄般的欢迎，毕竟他率领美军英勇抵抗了日军那么长时间。然而，他心中一刻也没有忘掉在菲律宾遭受的奇耻大辱。他对新闻记者说："现在我出来了，但是我将会回去！"当时美军战局不利，美国上下笼罩在悲观之中，这句话极大地鼓舞了人们抗战的信心。有人向他建议，最好能改成"我们将会回去"。但是麦克阿瑟拒绝了，坚决地说："不，不是我们，而是我将会回去。"他要独自承受失败的耻辱。

雪耻的时刻终于到来。1944年10月20日，麦克阿瑟亲率28万大军在菲律宾莱特岛进行登陆作战。当美军刚刚占领滩头阵地时，战斗依然激烈，麦克阿瑟早已迫不及待，换上一身崭新的卡其布军装，冒着枪林弹雨，趟过没膝的海水上岸了。天上下起了倾盆大雨，有人为他打伞，被他拒绝。他站在雨中发表了讲话："菲律宾人民，我——美国陆军五星上将道格拉斯·麦克阿瑟回来了……"在他脸上恣意流淌的，已分不清是雨水还是泪水，为了这一天，他已等了太久！

法西斯终于覆灭。1945年9月2日上午，日本东京湾上空阴云密布，美军密苏里战列舰上却彩旗飘扬、一派欢腾，盟军总司令麦克阿瑟将在此主持日军投降仪式。中、苏、英、法等盟国代表及各国记者均已到场，在庄严激昂的军乐声中，麦克阿瑟登上军舰，在他身后，肃立着温赖特将军和英军司令亚瑟少将。两人当年在菲律宾战败被俘后，一直被囚禁在中国沈阳的日军战俘营，麦克阿瑟专门派人把他们接到了密苏里战列舰上。他紧紧拥抱着他们两人，动情地说道："当年我交给你们一个烂摊子，我却独自抽身而退，你们才是真正的英雄！"两位将军感动得热泪盈眶。

麦克阿瑟首先命令日本代表在投降书上签字，然后坐下，同时掏出了五支钢笔。他首先签下了自己名字的前四个字母"Doug"，把第一支钢笔赠给了温赖特将军；然后换了第二支钢笔签下"las"，回头把笔赠给了身后的亚瑟少将；接着再用第三支钢笔签下了自己的姓"MacArthur"，这支钢笔赠给了美国国家档案馆收藏；最后两支钢笔签下了他的官衔——盟军总司令，分别赠给了他的母校西点军校和爱妻。

在人生最荣耀的时刻，麦克阿瑟把两个曾经的俘虏带到身边，等于是把自己的耻辱一并公之于众，然而他毫不在乎。正是这种诚恳的做法反而让他赢得更多的尊重。

///【经典案例】///////////////////////

瑞秋是一家跨国企业的地区管理，在一次重大的项目谈判当中，瑞秋因为近乎"情绪"的问题导致了谈判的破裂。

总公司的老总亲自来到瑞秋所在区域问责，他找到两名直接负责项目的负责人，予以严厉的指责和惩罚。这时瑞秋站了出来。

"您为什么不惩罚我？"

总裁的脸色很难看："现在还不是你说话的时候。"

"那我该什么时候说？是看着别人被赶走再站出来吗？这次的谈判是我主导的，破裂也是我造成的。"

"你为什么要这样？"说不清楚总裁是说瑞秋不该这么说，还是不该这么做。

"因为对方在坐地起价……这么说吧，某个公司已经是他们的内定公司，我们毫无竞争力，但是他们又想了解我们的价格，所以一再地与我们纠缠，这已经涉及到我们公司内部的决策机密了。"

"哦？是这样吗？"

"没错。在谈判现场，如果不是该项目的两个负责人及早发现，可能我还会继续和对方深入下去。但当我也确定了这一事实之后，我承认，我真的很愤怒，我没有办法控制自己，我没能控制得住。"

总裁的脸稍有缓和："你本不必如此，你明白吗？"

瑞秋："不，不管对方如何，的确是没有收到好的结果，也没能为公司赢取项目，受罚的应该是我。"

负责人之一："不，我们也有责任，我们应该在这之前就有所察觉，而不是到了谈判现场才让谈判陷入僵局。"

负责人之二："是，还险些泄露了公司的机密。"

总裁深吸了一口气："好了，这件事我已经知道真相了，你们回去各写一个报告给我。瑞秋，你回去停职反省，什么时候想出一个除愤怒之外应对这种情况的对策，什么时候再来找我。"

负责人之一："总裁，经理她……"

"不要再说了。"瑞秋喝止两名负责人，"去做好你们的工作就行了。"

两名负责人互相看了看，异口同声地说："是！"

总裁微微地点了点头，有赞赏的样子。

/// 【问题案例】/////////////////////////

在职场中，相处得好的同事成为好朋友是很有可能的。小方就是这样的，入职一个多月，就和一个办公室的小宋、小王成为了好朋友。闲暇的时候，大家一起逛街、吃饭；平时上班，生活中、工作中有什么问题大家一起沟通交流，三个人的关系越来越好。

然而小李却不是这样的想法。她在这个公司已经工作一年了，也就是说，和小宋、小王做同事已经有一年的时间了，但是她们之间的关系仅仅是普通同事而已。这是因为小李总是把自己的过错和失误怪到别人的头上。同事之间有点小矛盾、小摩擦是再正常不过的事情了——我们和父母、兄弟姐妹之间还会有矛盾呢——可是，小李从来都不积极地想这些问题，从来不认为是自己的错。她总是说："这不是我的错误，是她们的不对。她们这样，还要要求我怎样呢？"这样一来，还会有谁愿意和她说话、交往呢？

【案例分析】

也许总裁并不是不惩罚瑞秋，而只是先处理两个项目负责人的问题，但瑞秋第一时间站出来承认自己的错误，这比被动地等待被处理要好。可以明显看出，因为瑞秋的担当与诚恳，上下级对她的态度都是极为赞赏的。

相比之下，小李就表现得不够坦诚。很多时候，找出究竟是谁犯下的错误并不是重点和最重要的事情。在这一过程中，表现出足够坦诚、敢于承认错误的态度才是最重要的。否则，这种不好的态度会一直遗留在工作中，成为威胁职场成功的隐患。

/// 【高手点拨】 ///////////////////////////////////

1. 主动、诚恳可以逆转不利情况

如果在工作中出了差错，不妨主动、诚恳地认错，这样也许反而会收到意想不到的效果。这不是投机取巧，而是体现你对你的工作认真负责的一面，并且是愿意承担的表现。

2. 你的坦然也会带来他人的客观

你的坦然会让他人更为客观地看你。如果你犯错了，你坦然面对，他人说不定反而会客观看待，甚至为你寻找弥补的方法。即使不是做错事情，你的坦然诚恳依然可以让与你一起做事的人感受到信心和安全感。

3. 诚恳的性格对于管理者至关重要

人们常说，莫以成败论英雄。可事实上又有多少人能够真正做到呢？诚恳所带来的效应，是人们比对一般人更容易信任你，因此他们也更愿意听从甚至尊重你。这对一个管理者来说，尤为重要。

3

保罗·盖蒂的举重法则：

逐步让他人跟随你的步调

世界首富保罗·盖蒂因开挖油井而成为拥有八十亿美元的巨富，可是很少有人知道他也是经营管理的佼佼者。

他先后著有《如何成为一位成功的经营者》、《我们一生》、《如何致富》等三本书，本本立论精辟、言之有物。

盖蒂厌恶墨守成规，喜爱创新与改变。他说："只有不断动脑筋，抛弃老旧的传统，并预测出未来时代需求的人，才能成为成功的经营者，也必能成为百万富翁。"

为了有效提升部属，他使用一种举重法则。

一般的企业在提升某一个人时，仅看他表现优异、条件适合，在尚未对其妥善训练以前，突然间就委以重任。这非但对晋升者本身不公平，很可能还会达到劳伦斯·彼得所称的无能级（即指达到不能胜任的层级），而且对公司也不好——一个新职位让一个尚未胜任的人担任，公司所担的风险很大。

盖蒂在提升一个人之前，不但事先给予其充分的训练，而且也运用他的举重法则。所谓举重法则，是指在提升某人的职位时，逐步增加他的负担，以便他能顺利接手。

通常一个举重教练在训练新人时，纵使认定对方有举起三百磅的实力，他一定不会刚开始就要新人举三百磅重。教练通常会要新人从一百磅开始，等他顺利举起之后，再三十磅或四十磅慢慢地增加，逐步抵达三百磅。

如果教练一开始就要新人举三百磅，新人即使有此能力，但因为准备不足、训练不够，很可能力有未逮而举不起来。盖蒂把这个道理运用在提升部属上，获得了良好的成果。

> 台湾有一位企业家在纠正部属的错误上，运用了螺丝钉原理。
> 他说："要求部属一次改一点，就像螺丝钉慢慢地转，比较不觉得痛，他们也比较能接受。几次下来，毛病就改掉了。"

举重法则与螺丝钉原理有异曲同工之妙。

保罗·盖蒂说："对老板而言，没有一周工作五天、一天工作八小时这种好事。"

罗马非一日建成。作为管理者，对公司的管理与对下属的提拔是联系在一起的，本着对公司负责的态度，需要不断发掘和培养新人。对下层人员的提拔，作为领导，不是你喜欢谁就提拔谁，也不是你命令谁谁就得行，而是得让他人逐步跟上自己的脚步才行。

/// 【经典案例】 //////////////////////////

> 贝蒂在一家广告公司上班，刚进公司，她觉得她的上级凯伦是一个非常好的领袖，和蔼可亲，专业能力又强。但是没过多久，贝蒂对凯伦慢慢有了腹诽。
> "她总是让我修改我的策划案，一遍又一遍，每次总是说一点，难道不能一次性说完吗？还是她根本自己也不知道该怎么样，要我作出来看才能看清楚？"
> 作为初入职场的新人，贝蒂的抱怨并不意外。

⊙只有不断动脑筋，抛弃老旧的传统，并预测出未来时代需求的人，才能成为成功的经营者。

终于，贝蒂有了一个独担大任的策划项目，这一次贝蒂故意没有把策划案给凯伦看。

"我没能及时发给你，但下午就要会见客户了，到时候看也行。"

凯伦没有说什么。贝蒂心中窃喜。

到了下午，一场面对客户的策划展示却让贝蒂差点当场哭了鼻子。

客户提出了非常多的意见和要求，这是贝蒂始料未及的。以前都是凯伦拿着贝蒂的东西去跟客户谈，如今贝蒂自己谈自己的东西，却被客户的意见弄得头昏脑胀。

凯伦及时站出来，将贝蒂的想法与观念一一陈述，让贝蒂吃惊的是，那跟自己的想法真的差不多，只是自己说不出来。

"我理解你的心情。但是通过这件事我也希望你明白，我的挑剔等于我在扮演客户的角度，我是从客户的角度去看你的东西，有一些意见可能都不够专业，但那的确是客户会挑的；另外，不仅如此，我还要试图去读懂你的想法，然后帮助你修改提炼。"凯伦温和地安慰贝蒂。

贝蒂哭了："谢谢你，是我太自大了。"

"不，你很好，很优秀，不然我也不会招收你进来。这是你的自信，不是自大。"凯伦还是那么平静。

贝蒂擦干眼泪，注意按凯伦教给她的方法去做策划案。

"你的想法也很重要。我也不是让你来复制或者按照我的想法来走，而是想让你了解到这个过程，以后你甚至可以自己总结出一套自己的方法。"凯伦对贝蒂说。

贝蒂通过努力的学习，在凯伦调离广告公司之后就胜任了凯伦的工作。

【案例分析】

贝蒂是个职场新人，对于凯伦的挑剔多少有些不能适应。而就凯伦来说，也有自己的一个考虑：贝蒂的策划案一开始肯定是不完全符合规定的，那么是一次性把问题说到位呢，还是循序渐进地引导呢？答案是后者较好。尽管贝蒂产生了情绪，但贝蒂至少可以获得进步；而一次性指出太多问题，谁说贝蒂就不会有情绪，并且都能修正得很好呢？所以，循序渐进的引导是最好的办法。

【高手点拨】

1. 把握领导者与下属的距离

作为领导者，与下属之间是有距离的，这个距离很微妙——既要简明扼要地指出问题，但又要放开手让对方自己去摸索尝试——最得力的助手也应当是这样培养出来的。如果过于小心谨慎，手把手地去安排，那么精力有限是一方面，作为领导者自身的格局也会变小。

2. 不要担心被下属超越

山外青山楼外楼，没有这种认识和胸襟的管理者，自己本身也就不会走太远。不然你想，你是如何被人栽培出来的呢？因此不要介意栽培下属，这也是你的工作职责以及功绩所在。帮助他人的同时，你也在树立自己的职场形象，以及铺就自己更长远的职场之路。

3. 注意自己指导时的态度和方式

注意自己的态度与方式。下属不是什么都会的，上级不仅要明白这一点，上级还应当明白，下属肯定有他会的部分，只是可能与自身的思维模式、做事习惯不同而已。要试着去了解你的下属，这样才能方便沟通、因材施教。

04

赖斯的正面引导法则：
鼓励比抱怨更有效

　　每个人对生活都有抱怨的部分，只是抱怨只是一时的，无法解决关键性的问题。也许你与友人痛痛快快地对某件不平的事情或者某个人来一场抱怨，但是抱怨完了事情没有得到任何的解决，反而平白浪费了精力。因此，不要抱怨，要尝试其他的方法，要做有效率、有积极作用的事情。

　　下面就让我们看看赖斯的母亲在面对不平对待时的做法。

　　一位黑人母亲带女儿到伯明翰买衣服。一个白人店员挡住女儿，不让她进试衣间试穿，傲慢地说："此试衣间只有白人才能用，你们只能去储藏室里一间专供黑人用的试衣间。"可母亲根本不理睬，她冷冰冰地对店员说："我女儿今天如果不能进这间试衣间，我就换一家店购衣！"女店员为留住生意，只好让她们进了这间试衣间，自己则站在门口望风，生怕有人看到。此情此景，让女儿感触良深。

　　又一次，女儿在一家店里因为摸了摸帽子而受到白人店员的训斥，这位母亲再次挺身而出："请不要这样对我的女儿说话。"然后，她对女儿说："康蒂，你现在把这家店里的每一顶帽子都摸一下吧。"女儿快乐地按母亲的吩咐，真把每顶自己喜爱的帽子都摸了一遍，那个女店员只能站在一旁干瞪眼。

对这些歧视和不公，母亲对女儿说："记住，孩子，这一切都会改变的。这种不公正不是你的错，你的肤色和你的家庭是你不可分割的一部分，这无法改变，也没有什么不对。要改变自己低下的社会地位，只有做得比别人好、更好，这样你才会有机会。"

从那一刻起，不卑不屈成了女儿受用一生的财富。她坚信只有教育才能让自己获得知识，做得比别人更好；教育不仅是她自身完善的手段，还是她捍卫自尊和超越平凡的武器！

后来，这位出生在亚拉巴马伯明翰种族隔离区的黑丫头，荣登《福布斯》杂志"2004年全世界最有权势女人"宝座，她就是美国国务卿赖斯。

赖斯回忆说："母亲对我说，康蒂，你的人生目标不是从'白人专用'的店里买到汉堡包，而是——只要你想，并且为之奋斗，你就有可能做成任何大事。"

现实是无奈的，但这并不意味着我们就丧失了一切选择的权利。因为，歧视和不公在制造了灰暗的同时，还催生了奋斗。是的，我们无法选择种族、血缘，无法选择身体、发肤，但我们可以选择奋斗。在没有得到你的同意前，任何人都无法让你感到自惭形秽。正如赖斯的母亲所说，只要你想，并且为之奋斗，你就有可能做成任何大事！

假如赖斯的母亲在遭遇到不公平对待的时候只是骂骂咧咧，带着抱怨离开，而不是勇敢面对、迎难而上，恐怕赖斯不会对母亲鼓励的话牢记在心。赖斯母亲的身体力行是一种最正面的引导，对赖斯的日后成长产生了至关重要的作用。

/// 【经典案例】 /////////////////////

几年前，小王介绍一个老同学到朋友所在的公司应聘，几天后，这个老同学给他打来电话，说已接到公司寄来的通知，自己未能被录取。尽管如此，老同学还是很感谢他的帮助，说："承你帮忙，给我提供了一个很好的机会，只可惜我自己的能力不够，实在非常抱歉。但我觉得他们公司的招聘工作搞得很认真，我已经给他们写信表示感谢，也希望你在方便时代我向你的朋友致谢。"于是，小王当即便给那位朋友打电话，转述此意。

没想到，数日后，他又接到朋友的电话："请你转告你的同学，我们决定录用他，请通知他尽快来公司上班。"

原来，小王的同学应聘确实不合格，但他接到不录用通知后给公司的回函写得情真意切、礼貌周到。公司的几位主考官传阅后，忽然发现公司正需要他这样热忱的人，于是决定在既定名额之外追加录用他。

小王同学的幸运正是源自他的待人热忱，因为很少有人会在被人拒绝后还能做到彬彬有礼。

///【问题案例】///////////////////////////

约翰先生对自己公司的工作状况不甚满意。

在开会时，约翰先生宣布："各位，我觉得本公司目前的工作状况不佳，想要重新整顿一下。我身为公司的首脑，应该以身作则。从今以后，如果我表现得很好，希望大家也能效仿；如果我自己表现得不好，即使各位做得不好，我也不会责怪大家。我相信，如果每个人都能尽忠职守，公司就一定会有更光明的前途。"

约翰先生的主意很好，但是仅仅几天之后，他就在郊区的俱乐部里和朋友聊天忘了时间。等他猛然想起来，立刻夺门而出，开车快速赶赴公司，不料却因为超速而接到罚单。

约翰先生怒不可遏，自言自语道："太过分了，像我这样遵纪守法的公民，还要开罚单给我！那些警察不去抓犯人，却来找我的麻烦。难道开车快就一定会发生危险吗？太可笑了！"

　　他走进办公室时，为了转移别人的注意力，立即把扎伊尔部经理找来，愤怒地质问他销售计划进行得如何。经理回答："不知道怎么回事，生意没谈成。"这下子，约翰先生失去理智了，他斥责道："你在公司18年了，眼看着扩展公司的大好机会被你弄吹了，你不觉得对不起公司吗？告诉你，你要是不想办法把生意拉回来，我就炒你鱿鱼！别以为你在公司呆了18年，就吃定了公司！"

　　扎伊尔部经理满肚子火，一边走出去，一边在心里嘀咕："这算什么嘛！18年来，要不是我，公司会扩展到这么大吗？只不过没有谈成一笔生意，他就威胁要开除我，太过分了!"

　　他回到办公室，就把秘书叫进来质问："我今天早上给你的五封信打完没有？"秘书回答："没有哇！你不是叫我一定要先把希德公司的账算出来吗？"扎伊尔部经理破口大骂："不要找借口！告诉你，今天一定要把五封信寄出去，要是你做不到，我就换个能做到的人。别以为你在公司呆了七年，就吃定了公司！"

　　秘书小姐当然也气得两眼冒火，一边踩着高跟鞋"咚咚咚"地走出去，一边在心里念叨："神气什么嘛！我为公司鞠躬尽瘁了七年，做的工作比其他三个人的加起来还多。要不是我，公司哪会有今天？我又没有两双手，一下子做不了那么多事就想开除我，你以为你是谁呀？"

　　秘书像一阵风似地走到总机小姐面前说："我有几封信要你打，虽然平时这不是你的工作，可是你除了偶尔接接电话，什么事都没有做，何况这是急事，今天你一定要把信打完寄出去。要是你做不到就告诉我，我会找到能做到的人。"

　　秘书一走，总机小姐就咬牙切齿地说："莫名其妙！我在公司最辛苦，薪水最低，还要叫我做额外的工作！你们在后面喝咖啡、聊天，整天做不了一点事，每天忙不过来就找我的麻烦，太过分了！想炒我鱿鱼？没门！就算有两倍薪水，也没有人肯做这份工作。"

总机小姐心怀怒火，气得七窍生烟……

就这样，整个公司的人这一天里什么事都没有做，都忙着生气呢。

【案例分析】

虽然无法被公司录取，但是仍然表示感谢，甚至是给对方鼓励，赞赏对方的招聘工作做得很好，对方公司接收到这份热忱之后，反而又决定录用他。倘若这位老同学是抱怨的态度，甚至有所显露，对方一定不会可惜没有录取他，甚至会庆幸。

因而，像问题案例中的故事就给了我们很好的启示。它告诉我们，一定不要抱怨。抱怨一旦开始，就永无止息，会波及到生活的方方面面，让我们变得疲累不堪。

所以，遇到可能抱怨的情况，不妨想办法让自己冷静一下，换一种方式进行表达。

/// 【高手点拨】 ///////////////////////////

1. 鼓励他人的同时建设自己

鼓励是双向的，在鼓励别人的同时，实际上你也在树立自己的职场形象。你究竟是积极阳光的，还是阴郁抱怨的，这很重要。如果你是一个领导者，你的下属没有很好地完成一件事，你觉得是对他有抱怨好，还是鼓励他继续努力呢？前者会打击对方的自信，并与自己产生隔阂；后者会让对方感到有动力，并对自己感激不已。这其中的差别不言自明。

2. 鼓励比抱怨更积极

无论是鼓励他人还是鼓励自我，都是朝向解决问题的方向去发展，但抱怨就不同。抱怨其实更容易增加内心的无力感，还容易导致职场之路的不顺，并且影响生活中的任何一种关系，是一种非常不积极的态度。

3. 让积极阳光成为你的领导者性格

看一个人是否有教养，就看他对穷苦人的态度；看一个人是否有领导才能，就看他在逆境中的反应。具备领导者性格的人在逆境中往往也会保持乐观的心态，当他和团队陷入低谷，他一定是出声鼓励的那个，而不是发出抱怨的那个。

第九章
构建人脉：真诚
铸造情感人脉网

01

萧伯纳的互相尊重法则：

让尊重成为平等交往的前提

　　人与人之间的交流，相互尊重是一个基础，没有对彼此的尊重，那么也不会产生有效的交流。同样的，人与人之间的对话也需要相互尊重，脱离了这一点，即使你口才再好，有再多动人心弦的故事，对方也不会愿意把对话继续下去。在对话中的不尊重，只能使彼此不愉快。

　　对于这一点，英国作家、演说家萧伯纳深有体会，因为一个小女孩教会了他该怎样尊重别人，怎样和别人进行平等的对话。

//【经典案例】///////////////////////////

　　有一次，萧伯纳应邀去俄国访问。有一天，在做完演说之后，萧伯纳漫步在莫斯科街头。在一个转角，他看见一个小女孩。小女孩白白胖胖的，一对大眼睛很有神，头上扎着个大蝴蝶结，真是可爱极了。看着小女孩独自做着游戏，萧伯纳一时被勾起了童心，于是蹲下身子和小女孩一起玩开了。

　　这一老一少玩得十分尽兴，到了天黑，小女孩要回家吃饭的时候，两人彼此告别。萧伯纳得意地对小女孩说："知道我是谁吗？回去告诉你妈妈，就说今天和你一起玩的是世界闻名的萧伯纳。"

不料小女孩看了看萧伯纳，背着手，仰起头，模仿着他的口气，更加骄傲地说："你也回去告诉你妈妈，今天和你一起玩的是小女孩安妮。"

听完小女孩的话，萧伯纳不禁愕然，立刻认识到自己话里的傲慢无礼。此后，萧伯纳每次对朋友谈起此事时，总会感慨地说："是这位俄罗斯的小女孩给我上了人生最好的一课！一个人不论有多大的成就，他在人格上与任何人都是平等的，只有尊重别人，别人才会尊重你。这个教训我一辈子也忘不了。"

起初，萧伯纳的话里并没有尊重小女孩，也许在他看来，自己放下文豪的面子陪小女孩一起玩耍，无疑是一种恩赐。但事实上，就像他事后和朋友说的那样，一个人即使成就再大，但人与人之间的人格都是平等的，所以，人与人之间的对话也应是平等的，你在话里尊重了别人，别人才会积极地回应你所说的话。

两个人之间的交流会产生一种类似共鸣的效应，对方根据你的做法会作出相近的反应。就像是照镜子，镜子一面的人做什么，另一面的人也会学着做什么。你恶语相向，就不能期待对方会和言善语；你大喊大叫，也不能指望对方能轻声细语。

/// 【问题案例】////////////////////////////

中国有句古话说道：己所不欲，勿施于人。你不想别人对你进行谩骂，同样的，你就不能对别人口出恶语。只有持着互相尊重的态度，对话才能顺利、有效地进行下去；反之，不但对话难以继续，甚至会因为出言不逊而引火烧身。

"巨象集团"是美国一家著名的企业，其总部设在纽约曼哈顿，

　　⊙人与人之间的对话应该是平等的，你在话里尊重了别人，别人才会积极地回应你所说的话。

是一幢七十多层楼高的大厦。大厦楼下是一座美丽的小花园。

这天，一位四十多岁的妇人领了一个十二三岁的小男孩儿走进这个花园，坐在长椅上。妇人好像很生气的样子，不停地和男孩儿说着什么。

距他们两人不远处，一位头发花白的老人正拿着一把大剪刀修剪灌木。

忽然，妇人取出一块纸巾揉成一团，扔在老人刚剪过的灌木上。白花花的一团纸巾在翠绿的灌木上十分显眼。老人没有说话，拿起那团纸扔到不远处的一个筐子里。

不料，妇人隔一会儿就扔出一团纸。老人也不厌其烦地拾了妇人扔过来的六七团纸，始终没有露出厌烦的神色。

"看到了吧！"妇人指了指老人，对男孩儿说："我希望你明白，你现在不好好上学，以后就跟面前的这个老园工一样没出息，只能做这些低贱的下等工作！"

老人也听到了妇人的话，就放下剪刀走过来："夫人，这是集团的私家花园，好像只有集团员工才能进来。"

"当然，我是23楼的部门经理！"妇人高傲地说着。

"我能借你的手机用一下吗？"老人愣了一下。

"你看这些穷人，这么大年纪了也没有一部手机。"妇人不情愿地把手机递给老人，还不忘顺便教训儿子。

老人很快打完电话，将手机还给妇人。不一会儿，一个人从楼里走过来，来到老人面前。老人对他说："我提议，免去这位女士在集团里的职务！""是，马上照办！"那人连声应道。

妇人大吃一惊，因为来人正是集团主管人事的经理。她惊诧莫名："这么一个老园丁，凭什么会有任免的权力呢？"

"老园丁？他是集团总裁詹姆斯先生！"

妇人惊倒在椅子上。老人走过来摸了摸小男孩儿的头，意味深长地说："我希望你明白，在这个世界上最先要学会的是尊重每一个人。"

【案例分析】

　　这个故事里的妇人之所以会被免职，就是源于她自身对人的不尊重。这样的例子并不少见，几乎每个人的身边都有一些这样的人，他们没有一个很好的对人态度，说起话来常常惹人不快。

　　美国通用总裁杰克·韦尔奇曾说过："只有尊重别人，别人才会尊重你。"

/// 【高手点拨】 ///////////////////////////////

1. 态度是双向的

　　尊重是沟通的前提。你想让别人对你的态度友好，那么首先你得让对方感受到你尊重对方，因为唯有尊重才能让别人感到是在一个公平、和谐的气氛之下与你进行合作，别人也才愿意与你产生联系，而非排斥和拒绝你。

2. 表达尊重要诚恳而不刻意

　　尊重别人的同时，要让对方感受到自己的诚意，这样可以加速友好关系的建立。而太过刻意的尊重会让人感觉到不适，反而失去了应有的效果。尊重且真诚，尽管是在工作上建立的关系，但没有人愿意介入一段只是作用在合作基础上的互助关系，人们还是希望能够在尊重、诚恳的气氛下建立良好、长远的合作关系。

3. 学会设身处地地为他人着想

　　在关于尊重的法则中，最重要的一条是"少提意见"。人们往往是站着说话不腰疼的，没有站在对方立场上去考虑的意见最苍白和虚伪不过。在与对方交往的过程中，要试着在细节之处为对方考虑，或以对方为先，注意倾听对方的意见，这样才能让对方感受到你对他的尊重。

O2

奥普拉的自己人效应：

让他感觉你和他站在一起

你会不会被这样一件事情所困绕：客户经常向你诉苦，而你又不知道该怎样应付——置之不理，似乎是拉远了彼此的距离；热情地帮助，可是太过热心又让人厌烦？而且，该怎么说才合适呢？

实际上，遭遇这件事情，你并不应该感到苦恼，而是应该敏锐地感觉到，这是一次难得的机会。因为客户已经把你当作一个可信赖的人——最起码是一个可以交谈心事的人，一旦你应对得当，对未来的工作和人脉拓展是有很大好处的。

如果不知道如何回复客户的话，可以参考奥普拉的做法。

奥普拉是当今世界上最具影响力的妇女之一，她是美国最著名的电视主持人之一。她主持的电视谈话节目"奥普拉脱口秀"，平均每周吸引3300万名观众，并连续16年排在同类节目的首位。取得如此卓越的成绩，和她独特的谈话方法不无关系。

与大多谈话节目不同的是，"奥普拉脱口秀"的邀请嘉宾并非是专家、学者、演艺明星或政客，而是普通大众。而且，节目里奥普拉和访谈者也并不多谈国事，大多是在聊个人生活，从每个嘉宾实实在在的生活里挖掘感动人心的故事。

为启发嘉宾"实话实说"，吐露真情实感，奥普拉经常采取这样一种对话方式：她会先告诉对方一些自己的小秘密，再从自己的经历和感受中找到与嘉宾的共通之处，这样大多数嘉宾都会把奥普拉当成自己贴心的朋友，于是坦露自己的心事与奥普拉和观众分享。这些心事都来源于生活，经常会使奥普拉和嘉宾抱头痛哭。

奥普拉成功运用了自己人效应，使节目更加直接、更加坦诚，深受美国普通大众的欢迎。而我们想要成为职场上受欢迎的好职员，这种自己人效应无疑是可以充分利用的。

要想用好自己人效应，那么就要在对话中尽量淡化公司和产品，可以适当地多假设，模拟客户获得产品之后的情况，当客户有疑问时，就诚挚地为他解答。总之，我们可以通过对话使客户感觉我们是自己人，是站在他那一边的，这样自然会赢得客户的信任。

/// 【经典案例】 ///////////////////////////

下面这位销售员就是赢在自己人效应上。

丹尼尔的二手车行一向生意不错，今天又有客户来到车行。这位客户是个中年男子，一眼看上去像是大峡谷里的石头，冷漠又顽固。

"先生您好，这里是丹尼尔车行。请问您有什么需求？"

"我先看看。"

"好的，请跟我来！这面是较新的车，那面是稍微老一点的车，不知道您……"丹尼尔话刚说到这，中年人指了指新车的方向。

"没错，新车总是要好些的，当然，我可不是说老车不好。我们这里最好的车都在这里，请问您具体有哪些要求呢？"

　　"我上班的地方有些远，需要一辆经济实用而且又得体的车。"中年人似乎看上了一辆车，围着它转个不停。"我能试下这辆吗？"

　　"可以，当然可以。"丹尼尔看着中年人，认真地对他说，"可是老兄，我想给你一个建议。"

　　"你说。"

　　"这辆车看上去很光鲜，可是曾经大修过，而且它的引擎吃油也十分厉害。"丹尼尔指了指旁边的一辆车，说："我建议您看看这辆。咱们这里山地比较多，一般的车底盘太低，经常出现问题，这辆车就很实用，而且耗油也并不很多。要知道，这可是一个手握方向盘超过二十年的本地人的经验。"

　　"哦，是这样啊。"中年人明显语气松动，指了指另一辆车，"那么这一辆呢？"

　　"您眼光真不错，这几乎是辆新车，很适合载着全家人一起看周末电影。它很漂亮，不是吗？"

　　"是啊，伙计，我现在有些犯难了。这两辆都不错，你说我该选哪一辆呢？"

　　"嗯，这样，不介意的话您告诉我你经常的行车路线，我来看一看。"

　　"我的家在XX小区，公司是在XXX街。"

　　"这就好说了，这段路十分平坦，我建议您选这辆几乎全新的小车，开上它你会更有面子的。"

　　"好吧，那就这一辆。"

　　中年人说完后，很快和丹尼尔达成交易，驾驶着新买来的车高兴地回家去了。

【案例分析】

　　在上面的这段对话里，丹尼尔一步一步地缩短了和对方的距离。他先用偶尔的昵称（老兄）拉近距离，随后又设身处地地为对方着想，给了对方选择的余地，取得了对方的信任。要知道，无论中年人选择哪一辆车，终究还是丹尼尔的买卖。

客户开开心心回家，商家实实在在地获利，这就是自己人效应的功用。

////【高手点拨】/////////////////////////////

1. 以对客户的关心接近客户

了解客户的状况，从其状况入手，关心他的所需，能够拉近与对方的距离，成功建立友好的关系。因为没有谁能真正拒绝一个对自己关心的人。

2. 让客户感到舒心

委婉的表达方式会让对方感觉很舒心。比如你可以间接地询问其问题；如果对方不舒服但又坚持上班，你可以倒杯水给对方……这对还不是特别熟悉的人来说，是非常体贴又恰到好处的。

3. 表达与客户的一致观点

寻找一件与客户观点一致的事，表达出来，会让客户产生亲近感。比如时下某一热点新闻，你持和客户一致的态度，会让客户感到你与他是一类人，这样他就会乐于与你沟通交流。

03

丹·拉瑟的平和亲切原则：

让别人愿意接近你

人有千面，话有百端。办公室里有着形形色色的人，这些人做着不同的事，说着不同的话。下面是几种经常在办公室里出现的论调：

> "呵呵，昨天的晚饭我们去的XXX酒店，好多菜都是很珍贵的材料，有……之后，我们又去逛街，他给我买了好多礼物，看这个包包，可是很贵的，听说是法国进口的……"

如果你遭遇这种同事，听着他或者她的喋喋不休，你会作何感想呢？估计大多数人心里并不乐意听这种强迫式的独白。可偏偏办公室里常有这种人，他们喜欢炫耀，以自我为中心，在对话中也总抢别人的话，非要把话题扯到自己感兴趣或者是自己拿手的方面，使对话遭遇"冷空气"，热度急降。亚历山大·汤姆曾说过："我们的谈话如同是一场宴会，不能吃到很饱才能离席。"

> "不！不！不！肯定不是这样，这个东西得这样做……" "是吗？不可能吧！我记得好像是……" "你这说的是什么东西啊，肯定

行不通……""没有，没有，我可从来没说过这样的话，倒是XXX以前……"

这样的同事，依然会让我们感觉棘手：他们惯于抬杠，用个人的观点否定他人的观点，希望以此来树立自己的权威。但实际上，一两次这样的对话过后，我们的交流欲望就会被消磨殆尽，只会感觉这人尖酸刻薄，不能和其深入接触，不能和其对话过深。

"哎呀，我总感觉我家的孩子最近不正常，好像回来得一天比一天晚……还有，我老公的烟啊，也抽得越来越凶了，有时还打麻将，一打就输……我妈的身体最近也越来越差了，天气一冷，一阵风就吹得感冒，吓得我们一家人全都赶到医院去了……再有，再有，我那小弟动不动就问我借钱，这可怎么办啊？"

碰见这样的同事，大家估计也会跑开。因为这种同事只顾着自己的事情，把私事混淆在工作中，而且还习惯性地把悲观情绪散播在办公室里。和她对话的话，她不出三五句就开始诉苦，而且反复地讲，就像是鲁迅笔下的祥林嫂，说着说着把周围人都吓跑了。

"这个事啊，你得这么办……你还不相信我？我都做这个多少年了，你才进公司几天！""别说了，别说了，信我的没错！""这事啊，根本不是你说的那个情况，听我和你仔细说啊……"

这种人也不少见。他们会在对话里习惯性地装作权威，甚至会把自己夸得上天入地无所不能，结果话越说越大，也越说越不客气。
……
其实，对话是一种交流的手段，从根本上看是为了获取信息、了解对方，而不是让人盲目表现见识的平台。老子有言："言者不知，知者不言。"大意

○有些人会在对话里习惯性地装作权威，甚至会把自己夸得上天入地无所不能，结果话越说越大，也越说越不客气。

是：说话的时候，如果一个人什么都敢说，那么往往他是什么都不懂的；而真正懂的人，并不会急于表现。所以说，这种肤浅的自我吹嘘，并不会使人高看，反而只能使大家离这样的人越来越远。

以上说的这几种人，他们的通病就是沉浸在自己的世界里，说话也是完全按照自己的想法来，或软或硬地抢走了对方的话语权，将对话变成了个人的宣泄或者表现。很明显，这种对话并不会产生好的效果。

如果你发现自己也有着类似的错误，而且想要改正的话，不妨学一学美国金牌主播丹·拉瑟。

////【经典案例】///////////////////////////

丹·拉瑟是一位富有传奇色彩的记者和主播，他曾经随尼克松访华，他报道过越战，也访问过被通缉中的萨达姆。不过对于大多数美国观众来说，更吸引他们的不是丹·拉瑟的勇敢和准确，而是丹·拉瑟的平和和亲切。

即使成为了金牌主持人，丹·拉瑟一次也没有居高临下地教训人过。相反，荧屏上的丹·拉瑟亲切、平和、充满情感。他总是会给受访者出乎意料的热情和关心，可能是一个拥抱，也可能是几句贴心的话，或者干脆是一两句带着地方味道的调侃。为了使观众感觉更加亲切，他还常常提起自己的穷苦出身，使观众更加信任他所说的话。

在工作中，丹·拉瑟对同事也很亲切，没有摆明星架子的时候，总是给予同事热心的帮助。很多时候，他会和同事们热烈地聊天，拿他同事的话来说："拉瑟的身上有许多东西可以学习，很多新闻就是起源于和他的一次普通的对话，尽管他感觉他说的话很普通，可是却给我们指出了正确的道路。拉瑟是我最信任的人。"

/// 【问题案例】 /////////////////////////////////

　　徐瑞是办公室里大家都避之唯恐不及的人物。和他接触过的人，都会产生同样的感觉。

　　"你看看你的办公桌，这也太乱了吧！"小陈还没有坐稳，徐瑞就冒出这样一句话。

　　"文文你用打印机了？用完了，怎么不知道摆放好呢？"徐瑞又在喋喋不休。

　　开会的时候，经理说让大家指出这段时间工作中出现的问题，大家都觉得每个人都很努力，很多事情以后都会避免的，因此也就没有必要非要指出谁的错误。但是徐瑞不这样想，他看大家都觉得以后会表现得更好之后，就开始逐一指出了每个人的错误。其实大家早就已经意识到了那些错误，以后不但不会再犯，还会更加地努力，但徐瑞这样一说，就好像大家都犯下了不可饶恕的错误一样。每个人对徐瑞都是白眼以待。

【案例分析】

　　从丹·拉瑟身上，我们可以看到一个人的成功绝不是偶然。他的平和亲切感动了同事，也感动了观众。我们的理想未必是成为他那样的人，但想要成为办公室里左右逢源的重要角色，学好丹·拉瑟平和亲切的说话原则，绝对没有错。

　　而像徐瑞这样的行为是一定要在职场上杜绝的。否则，既阻碍我们在职场上的发展，又会严重地影响人际关系，真是得不偿失。

　　人人都不喜欢和咄咄逼人、吹毛求疵的人相处、共事。所以，看一看你是不是这样的人，你身边有没有这样的人。

1. 关心他人，表现亲和力

每个人内心深处都渴望获得关注，抓住这一点，在职场中适当予以其他工作伙伴关注和关心，就容易形成平易近人的职场形象。让大家乐于与你亲近，提高自己在职场当中的被接受度，更利于个人职业生涯的发展。

2. 保持基本的职场礼貌

别看是基本的职场礼貌，但往往做起来却很难周到。你能逢人便微笑打招呼吗？你能恰到好处地关心别人，给别人带去和善的印象吗？如果你能，那么很好，继续保持基本的职场礼貌，这会让你的职场形象更稳健。

3. 亲切关怀而非过度热情

一个可靠的职场形象的树立并不容易，因为这不仅体现在工作上，还表现在与工作伙伴在个人生活上的沟通与帮助。关心同事的私生活，但不过度宣扬；亲切地表达关怀，而非八卦一般的热情打探——这之间其实只有一线之差，需要好好拿捏。

第四篇

智慧口才学：

以智取胜，
成功路上左右逢源

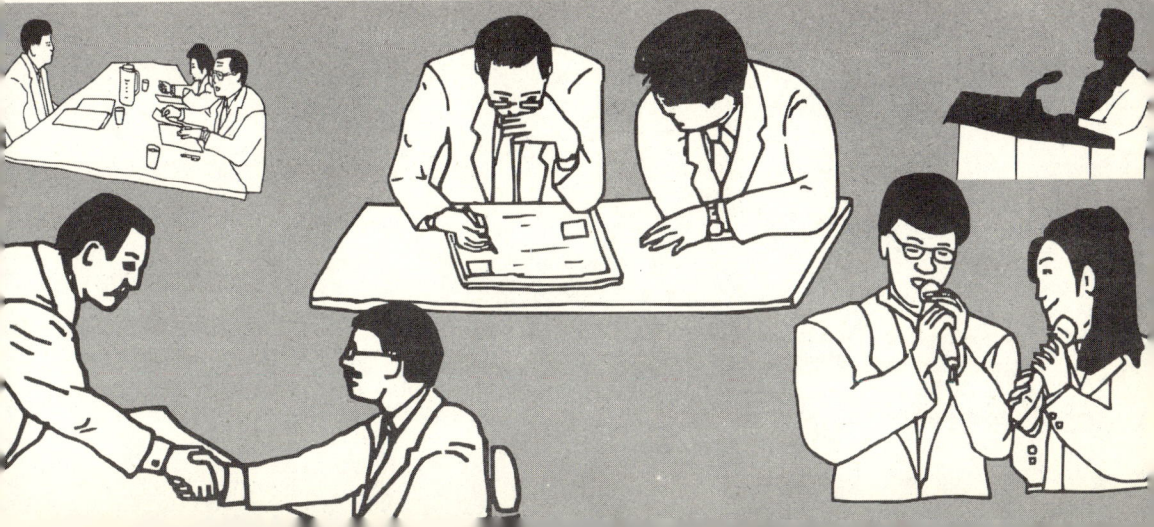

"

在面试时，在工作中，在为人处事时，说好话，说对话，以情动人，从心出发，考虑每个人的角色与感受，这些需要的都是说话的技巧与方法。然而，要想把话说好，掌握一定的技巧和方法仅仅是基础，更为重要的是要懂得说话与表达的智慧。因为只有智慧才是说出职场好前程的本质所在。

第十章
幽默口才：沟通
之前首先拉近距离

1

奥尼尔的顺坡下驴法：

用幽默化解冲突

在工作和生活里，总会有一些令人尴尬的突发状况，这些突发状况往往事出突然，令人猝不及防。当你遭遇这些尴尬和冲突时，不妨采用顺坡下驴的方法，用幽默来化解冲突。

也许你会遇见这么一种人，他们似乎永远不会和别人起冲突——其实与其说这些人不会和别人起冲突，倒不如说是他们总是能够妥善地处理一些紧急情况、冲突、纠纷等。这些在实际工作当中很容易遇到的小突发情况，处理不好可能会留下隐患，或者演化成大的、不必要的矛盾。那么，我们究竟该如何面对和解决这些突发情况呢? 不妨看一看美国著名剧作家奥尼尔的做法。

奥尼尔是美国现代著名的剧作家，获得过诺贝尔文学奖，除了超高的文学艺术天分，他还拥有非凡的口才和化解尴尬的能力。有一次，他回到母校去参观，在参观了校园中的大部分地方后，他特意来到昔日居住的宿舍，想要看看自己曾经朝夕生活过的地方。这时候，奥尼尔旧日的宿舍里住着的男学生刚好带来了一位关系亲密的女同学，两个人在寝室里谈情说爱。而这是违反校规的事，于是男孩连忙将女孩藏进了衣柜里。

奥尼尔和校长等一行人来到旧日的房间，看见屋里的布置，感叹地说："和昔日一样的桌椅，一样的床铺。"然后他走到衣柜前，边打开衣柜边说："和昔日一样的衣柜。"开了衣柜，看到了那位脸红窘迫的女学生，他仍作平静地说道："和昔日一样的女孩子。"

那位男学生喃喃地说："奥尼尔先生，那是我妹妹。"

奥尼尔笑了笑，说道："噢，还有，和昔日一样的谎言。"

奥尼尔对尴尬的化解着实值得称道。在工作中，尤其是职场新人，进入工作环境，与同事交流，与客户交流，时间久了，难免有摩擦发生的时候，而幽默是我们化解冲突的一种好方法。

//【经典案例】///////////////////////////

老邢是一名金牌销售，他经常代表公司与大客户吃饭。而老邢最擅长的就是在这一顿饭的工夫就拉近和客户的距离。

而公司的新人总有人向老邢去讨问秘诀，但老邢总是神秘地一笑："请吃饭。"

新人委屈："我也请客户吃饭——有时候公司不给报销，我也请，那怎么也没见有客户上杆子向我下单啊。"

老邢摊摊手，表示无奈。方法有了，但是没有心法，大家都纷纷揣测老邢到底有什么法子能做到在一顿饭的工夫就拿下单子。

总经理终于发话了："大家跟着老邢走一趟不就知道了！"

新人们纷纷跟着总经理和老邢一起出去和客户吃饭。酒过三巡，场面热乎了自不必说，关于合作的事情老邢却一个字也没说，几个新人面面相觑，但看总经理也不着急。老邢还在拉着客户谈家常。

终于有客户忍不住提起关于订单的事情。双方谈得不是很合拍，客户表示要回去商量一下，总经理表示好说。新人们更是面面相觑，

　　⊙在实际工作当中遇到小的突发情况，处理不好可能会留下隐患，或者演化成大的、不必要的矛盾。

结账的时候到了，客户要站起来结账，老邢把人按下。

"千万别跟我抢。"老邢严肃地让客户坐下，接着叫来服务员结账，一边结账一边嘴巴还飞了个段子。

"私房钱，私房钱！自己存的，花出去公司给单据报销，因此就能偷偷存起来不给老婆知道了。"

在场的男士无不哈哈大笑，散场的时候，客户拉着总经理和老邢说："今天真是让你们破费了，明天去你们公司谈订单的事情，一定得我们请你们。"

"好说，好说。都是媳妇闹的。"

众人又是大笑。

【案例分析】

中国人爱在吃饭当中谈工作的事情，并且讲究礼数周到，不让对方感到尴尬。两方人马第一次聚集到一起吃饭谈事情，难免有尴尬的时刻，比如付账的时刻——订单谈妥了，双方都还好说；如果没谈妥，那双方都会犯嘀咕，觉得不值。但是老邢就很充分地利用了这一点，在这种尴尬的时刻，能够一边付账还一边飞个段子不让对方感到尴尬，对方反而愿意与其合作，主动说起第二天的事情。

///【高手点拨】/////////////////////////

1. 幽默的同时注意不要拿别人的短处开玩笑

幽默的话要恰到好处。为了解除某种尴尬和危机，我们选择用幽默的方式来过渡；但是如果幽默的话说得不恰当，比如是拿别人的短处来开玩笑，这就不合适了。

2. 幽默是一种委婉的表达自己的方法

幽默也可以传递与表达自己的真实想法。所谓会心一笑，用幽默的话语传递某种态度或者信息，能够收到事半功倍的效果，比如在谈判遇到瓶颈时，可以用幽默的方式委婉地表达自己的意见。

3. 学会用幽默拉近彼此的距离

幽默不仅能够拉近与他人的距离，还是一种魅力，通过这种个人的魅力，可以促成在工作上的成功。别人总是乐意和幽默的人合作，因为合作中会感觉轻松，无形之中有信任感。

02

威尔逊的宽容大度法：

面对责难，学会以柔克刚

　　人在世界上不是孤立的存在，每个人都要和其他人发生一定的关系。有关系就有交往，有交往就会很容易产生冲突，这些都是人际交往中不可避免的摩擦。当你在和人交往中遇到摩擦与冲突时，你会怎么来解决问题？是尴尬地回避，还是迎着对方的锋头硬碰硬？

　　尤其是，很多时候，人们并不是那么友善，当别人故意地挑你刺、找你麻烦，你往往会感到非常地愤怒，但是你会怎么解决问题呢？

　　看完下面的案例，你会明白，面对他人的无理责难，最应该学会的技巧不是硬碰硬，而是以柔克刚。

　　英国首相威尔逊是个非常机智而大度的人，他聪慧的头脑帮助他登上了政治的巅峰，又无数次帮助他化解了在政坛中的风波，其中非常为人称道的是在一次演讲中他机智的表现。

　　在一次公开演讲中，首相威尔逊向公众发表演说，一切看起来都非常和谐，谁也想不到，正当演讲刚刚进行到一半，大家为他的智慧和风度所倾倒时，突然出现了不和谐音。

台下有个捣蛋分子，突然用大家都听得到的音量高声打断了他："狗屎！垃圾！"

现场陷入了尴尬，顿时一片静默。也有幸灾乐祸的媒体将镜头对准了这一刻的威尔逊，想捕捉他脸上尴尬的表情，想观察这位位高权重的首相将如何反击这无礼的家伙，然后他好将这一切变为丑闻和头条。所有人都在等威尔逊的反应。

令人敬佩的是，聪慧的首相威尔逊虽然受到了干扰，但他并没有被这一切冲昏头脑，发表一些反击的蠢话。只见他沉默了一下，非常淡定地说："这位先生，请稍安勿躁……"只见这位首相大人不慌不忙地陈述道，"我马上就会讲到你所提出的关于环保的问题。"

全场都被他的风度折服，都不禁为他的机智的反应鼓掌喝彩。此时再无人对刚才的一幕感到尴尬。

威尔逊的宽容大度，不仅化解了尴尬，也彰显了他身为首相强大的智慧和自我控制能力。掌握自己的情绪，才能掌握自己的未来。

/// 【经典案例】 ////////////////////////

汤姆所在的公司是一家上市大公司，汤姆虽然年纪轻轻，但是工作能力非常出色，因此三十岁就坐到了总监的位置。好多老员工对此大为诟病，经常暗地里表达对汤姆的不屑，有人当面告诉汤姆，但是汤姆却没有对此表达过不满和责难。这个季度公司决定对汤姆手下的几个部门进行重组，而这一切都交给了汤姆。本来，作为革新派的领导汤姆一直饱受压力与诟病，这下他更是要承担不小的压力了。

在重组会议上，汤姆负责主持，有员工对其要公司裁员的政策很不满，在汤姆发表讲话的时候，一个小纸条被默默地在员工中从后向前传递，传递纸条的人都看到了纸条上的内容——上面只写了两个字：笨蛋。

　　⊙面对他人的无理责难，我们最应该学会的技巧不是硬碰硬，而是以柔克刚。

纸条被传到了汤姆的手上。汤姆看到纸条略感吃惊，但是仍神色不变。大家都不说话，默默看着汤姆。汤姆知道台下有保守派的人等着看他出丑，便神色从容地对大家说：

"刚才我收到一个便签，可惜写这个便签的人只记得署名，忘了写内容。"

在工作中，表现得不完美是很正常的事情。所以，面对上司和同事的指责、不满和批评，我们要有正确的态度。否则，不但不利于改善局面，更会使自己受到更多的指责。

///【问题案例】///////////////////////

一天早上，经理在办公室当着同事的面严肃地对夏天说："来我办公室一下。"夏天跟着经理去了经理办公室。经理说："你的这个方案中出现了好几处不应该出现的专业错误，你是怎么想的？你已经有两年的工作经验了！"

听到经理这么说，夏天马上回应道："我怎么会出现这样的错误？不可能，绝对不可能！"

"你是说我冤枉你了？"经理生气地说道。

"这我不知道，反正我不可能出这样的错误。"夏天也毫不示弱。

"既然这样，明天你就不用来上班了。"经理看都没看夏天一眼，就说了一句这样的话。

夏天和经理在经理办公室的对话很大声，同事们在外面都听见了。夏天出来后，大家就劝他还是向经理认个错，承认自己态度不好，把方案重新尽快地做好。但是夏天却说："谁爱干谁干吧，反正我是不干了，不喜欢这样的领导和工作方式。"说完，他就收拾自己的东西，然后就走了。

【案例分析】

汤姆不但没有受到不快情绪的控制，反而用幽默将了对方一军，其自我控制的能力是相当强大的，而这和他宽容大度的胸襟也是分不开的。与此形成鲜明对比的就是夏天的表现了。

仔细想一想，在工作中受到领导和同事的批评是很正常的，没有人是永远都不会犯错误的。而面对批评和责难，极力的反驳真的不是好办法，更不是成熟的职场中人应该有的表现。当一个拳头向自己袭来时，自己并不是也要伸出拳头——这样不但可能两败俱伤，更可能让自己受伤，而且对解决问题一点儿帮助也没有——这时，要把自己变成一堆棉花，让这一记重拳打在棉花上。以柔克刚，用道理和好脾气来处理，才能更好地解决问题。

/// 【高手点拨】 /////////////////////////////

1. 以正面的心态面对误解

我们很容易被人误解——在生活当中，在工作当中。这些责难的声音也许是间接的，也许是直接的；有些是客观公允的，有些则是主观误解的。但无论是哪一种，当传到我们的耳朵里时，我们的心情自然不会很好，而我们也必须要作出相应的动作与改变。面对责难，我们要给出正面和积极的应对态度，这一点毋庸置疑——而要起到作用，则需要一些技巧。不聪明的人斤斤计较，而聪明的人以柔克刚。

2. 面对责难，以智慧来思考

当你遇到别人无端的责难和刁难时，先不要急着发火，也不要看低自己。如何巧妙应对他人的问题，是需要一定胸襟来容忍、一定智慧来思考的。

3. 面对故意的刁难，有时不妨随他去

有的时候别人责难你，是故意想看你出丑，如果你强烈地反击对方，反而

正中对方下怀。宽容、大度地处理责难，不仅是一种口才上的智慧，也需要养成凡事镇静、宽容的性格。成大事者不拘小节，也不记小仇，如果一味和对方计较，反而是降低了自己的身段。

3

林肯的大胆承认法:

必须面对时，不要躲避

　　美国总统林肯的一生是充满了无数起起落落的一生:

　　1832年，他失业了。同年，他竞选州议员落败。

　　1833年，经商失败。

　　1834年，当选州议员。

　　1835年，丧偶。

　　1836年，患神经衰弱症。

　　1838年，竞选州议会议长落败。

　　1843年，争取共和党提名竞选联邦众议员未成。

　　1846年，当选众议员。

　　1848年，党再度拒绝提名他为众议员候选人。

　　1849年，争取国有土地管理局局长一职被拒。

　　1854年，竞争参议员落败。

　　1856年，争取共和党提名为美国副总统候选人未成。

　　1858年，竞争参议员再度落选。

1860年，当选为美国总统。

任何困境都没能把他打倒，而这其中来自竞争对手的恶意施压，更不会吓倒林肯。而从这个角度看，林肯的一生是敢于担当的一生。

林肯出身于一个鞋匠家庭，在当时极其看重门第的社会里，他的奋斗之路极为艰辛，甚至在竞选总统的时刻，都有人以此来羞辱他："在你开始演讲之前，你首先要记住你是鞋匠的儿子。"

没想到林肯却真诚地道谢道："非常感谢您使我想起我尊敬的父亲。没错，我的父亲是一位鞋匠，而且是位伟大的鞋匠。我知道，无论怎么样，我做总统都无法像他做鞋匠做得那么好，但是因为从小受到他的影响，我对鞋的式样也颇有研究，所以，如果您脚上穿的鞋是我父亲做的，而您感觉不舒服，我完全可以给您修改。我知道我的手艺比不上我的父亲，但是我的心一定会像我父亲那样诚实善良，不仅仅对你们，当上总统以后，我会对全美国的人民兑现这一点。"说完，沉浸在回忆里的林肯便流下了眼泪。

这席话让所有的嘲笑都变成了真诚的掌声，连那位试图羞辱他的议员，也情不自禁地鼓起了掌。

出身卑微的林肯到最后之所以能够坐上总统的位子，唯一可以仰仗的恐怕就是他这种出类拔萃的变不利为有利的才能了。

/// 【经典案例】 /////////////////////////

老德普是一位商业界的传奇人物，多年来一直打拼在商界，终于有一天他可以退休了，在退休晚宴上老德普十分高兴，但是有一个记者却非常扫兴地问了老德普一个问题。

"您不断地被集团董事会按在董事长的位置上连任，感觉是怎样的？"

"哦，这样，你先吃一个三明治，容我想一想好吗？"

"哦，好的。"记者吃下三明治。

"我还没想好，你再吃一个吧。"记者又吃了一个三明治。

"嗯，再吃最后一个，我一定告诉你答案。"记者勉为其难地吃了第三个三明治。

"现在可以告诉我了吗？"

"你还要再吃一个吗？"

"哦，不。"记者坚决地说，"我吃不下了。"

"嗯，那就是我连任的感觉。"

/// 【问题案例】 //////////////////////////

萧萧觉得在职场上工作如果没有头衔和高的职位，是不会获得好的发展机会的。虽然他只是一个普普通通的销售员，但是他决定对面试官说自己在以前的公司一直任销售总监一职，他希望这样可以让自己在新的公司能够顺利地获得销售总监的职位。

面试时，面试官看了看萧萧的简历，发现他仅仅工作三年就从销售员做到了销售总监，于是面试官就问萧萧："你所带领的销售团队有多少人？"萧萧为了显示自己的能力和水平，就说："30人，不算我。"面试官又问："那么你的团队每年能达到多少销售额呢？"萧萧觉得当然是钱越多越好了，但是也不能太多，就说："三千五百万。"听到这，面试官不得不说："以你所在的行业，哪怕你们公司是行业第一，也不可能有这样的销售额。就是40个人的团队都很难达到这样好的业绩。很明显，你在说谎。"

【案例分析】

没有经验，就是没有经验。面试的时候，不论是谎报自己的能力，还是谎报自己的工作经历，都无疑是自取其辱、自断后路。

任何时候，无论面对怎样的境况，都要有大胆承认的勇气。这样才能正视自己，不断地完善自己。

//【高手点拨】/////////////////////////

1. 学会委婉地拒绝他人

当你在遇到尴尬的情况，不得不拒绝他人的请求，或者感到很难回答他人的问题时，不妨让他人感受一下你的处境，你会发现，别人会很快就理解你了。委婉地拒绝他人，也是一门艺术。

2. 注意说服时的技巧和表情

说服不是征服，征服往往需要你口若悬河地通过花言巧语来操纵人们，而说服却不需要这样。说服是要从别人的角度出发，使别人真正地从心底里认同你的观点和想法。因此，在说服别人的时候，你的说服技巧是很关键的。除了说服技巧，最重要的就是表情和语调。人们往往忽视了自己的表情和语调，其实，你的内心情绪——同情和愤怒、崇拜和鄙视、信任和怀疑、尊重和原谅、理解和排斥、悲哀和喜悦等等，都会非常明确地从你的面部表情以及你说话的声音中暴露出来，因此，你的表情一定要真诚，这在说服的过程中是相当关键的。如果你在夸奖他人的同时却露出一脸鄙夷，那么你永远也不会得到别人的认同。

第十一章
解难口才：行走江
湖，一招巧避尴尬

01

卡皮查的自我嘲笑法：

用自嘲化解尴尬

当你出丑或者遇到他人无意的冒犯时，你应该怎么办？是赶紧对对方解释、长篇大论地说服他人接受你的想法，还是默默吞下尴尬的果子，哑巴吃黄连？

聪明机智的物理大师卡皮查的故事，将带给你一丝启示。

卡皮查是举世闻名的"低温物理学之父"，他曾经两次获得苏联"社会主义劳动英雄"称号，还有5次获得列宁勋章。1978年，在他84岁高龄时，他被授予了诺贝尔物理学奖。可以说，他是一个超级物理天才，为世界物理学作出了很大贡献。但是这样厉害的一位物理学家，却不是一个"敏于行而讷于言"的人，卡皮查在英国期间，还流传过这样一则趣闻：

在英国，卡皮查的大名人人都知，其中有一家机械工厂，请求卡皮查过去检修一部发动机。因为这台发动机造价非常昂贵，如果它坏了，会给工厂带来很大损失，而除了卡皮查，工厂找了很多工程师都没有修好它。于是厂家非常礼貌地邀请了卡皮查来工厂，并且许诺修好后会立即付酬金1000英镑给卡皮查。

这位了不起的物理学家到了工厂里都不看说明书，询问了故障表现后，他先略微检查了一下机器，没有检查多久，就叫人拿来一把榔头。厂长本以为他会长篇大论地解释故障，然后叫来很多助手和工具，或者要研究上几个小时，没想到只要一个榔头。

一头雾水的厂长命人拿来了榔头，只见卡皮查拿起榔头，毫不犹豫地对准主轴承敲了一下，然后轻松地说：好了。

厂长不相信：这样就好了？

卡皮查点点头，厂长于是命人启动了机器，机器果然顺利运转起来，流畅得好像没坏过一样。

这时，厂长后悔了："敲一下，就值1000英镑？这也太贵了！你告诉我敲哪，我自己敲不行吗？"

其余的人都附和着点头："敲一下1000英镑，太贵了，便宜点吧！"

卡皮查风趣地说："敲一下，付1英镑就行了，另外999英镑，是因为要知道应该敲在哪个部位上。"

卡皮查的话让厂长的脸一下子红了，这下其他人都哑口无言了。

卡皮查确实是敲一下就换来了一千英镑，但是这敲一下的基础是他多年的学术经验的积累，值钱的不是那一榔头，而是能在短时间内一榔头就解决复杂问题的能力。所以厂长的话虽然貌似有道理，其实却是非常混淆视听的。如果卡皮查强硬地和他说：我们说好了一千英镑，你怎么反悔？可能会被厂长拉进谈话陷阱：是说好了一千英镑，可是你只敲了一榔头，不是太贵了么？——这样的争辩既无意义，也丢了卡皮查的面子。所以卡皮查的回答既是反击，又是自嘲，顺着对方的话调侃了对方和自己，是一种非常好的化解尴尬的方法。

比尔今年22岁，刚刚大学毕业就进了一家大公司。这家公司是老总年轻时候白手起家打下的基业，现在这个老总已经接近退休状态，把工作都交给底下的年轻人。比尔非常兴奋地进入了公司工作，非常期待能够见到这位传奇老总。几个月后就到年终了，人事部门提前准备了一个月，举办一个盛大的年终宴会。而一向很少露面的董事长也出席了，他看起来非常干净优雅，唯一的缺陷就是秃顶。他没有坐在高层中，而是端着酒杯选择了坐在普通员工中间，和众员工打成一片。激动的比尔想上前敬酒，但是由于紧张，比尔一个没注意把酒撒到了董事长的秃顶上，红色的酒顺着老总的头顶缓缓流了下来，比尔一愣，老总也愣住了，有人不自觉地发出咪咪的笑声。所有的人都看着这一幕，场面不由自主地安静下来。

比尔紧张得无所适从，心想这下完了。

没想到老总只是愣了一会儿，用手迷茫地摸了摸秃顶和红酒，非常困惑地说："你以为这样的治疗就有用了？"董事长皱着眉头说的样子令在场的所有人都愣了几秒，然后大家无不爆发出开心的大笑。董事长也笑着拍了拍比尔，他才从手足无措中清醒过来。不由得更加敬重董事长了。

///【问题案例】//////////////////////////////////

在一次聚餐中，一位男士将一个肉很肥硕的烧鸡腿夹给了一位女士，并说道："除了你，便没有人更配吃这只鸡腿了。"听到朋友这么说，这位女士很不好意思，觉得他这样说是不考虑他人的感受，别的朋友会对他不友好的。于是，这位女士就为他解围道："谢谢。不要这样说嘛！谁都可以吃的啊！"可是，这位男士却十分严肃地说了一句："只有你和它的身材是一致的。"顿时，所有人的表情就和刚才不一样了，尤其是那位女士的表情。

【案例分析】

尴尬是一个非常有意思的词，不前不后，不上不下，是一种正好被卡在中间、骑虎难下、进退不得的状态。尴尬是所有人都不愿意自己遇见的，但是人在江湖，难免会遇到尴尬事。处理好了，大家一笑，尴尬自然化解；处理不好，不仅令当事人难堪，旁观者也会难忘。

自己用幽默的方式来表述自身的缺点是自嘲，会起到很好的效果。但是如果用幽默的方式来表述他人的缺点或缺陷，就会遭人反感，破坏气氛，中伤他人。

成熟的职场中人，要知道什么时候可以使用幽默，什么时候一定不能使用幽默。这是每个人都要拿捏好的分寸。如果掌握不好幽默的力度，那么倒不如不使用的好。

但是如果有人故意、恶意地用幽默或直接的方式来嘲笑我们，我们就一定要用幽默的方式来自嘲，不让他们认为我们是可以被随便伤害的。

/// 【高手点拨】 ////////////////////////

1. 只有自信的人才勇于自嘲

修炼口才容易，修炼人格却很难。能够自嘲的人，都是有着强大的人格魅力的人，也同样是毫无自卑的人。只有自信的人才不吝于嘲笑自己，也不害怕因为嘲笑自己而失去他人的尊重。事实上，当面对尴尬时，敢于自我嘲笑的人更能化解尴尬，获得他人的尊重。

2. 自嘲也要把握尺度

嘲笑自己需要度量，把握嘲笑自己的"度"却需要智慧。适度的自嘲是非常可爱的，但太过自嘲可能会被认为是过分谦虚或者沽名钓誉。因此，自嘲之前，应当先在心里想一想自己说的话合适不合适。

3. 在不损伤自己的情况下使他人如沐春风

人们常常会有一个误区，就是口才好的人往往是能言善辩、滔滔不绝的，其实这只是低层次的口才好。高层次的口才，并不体现在话的多少和与人辩论的输赢上。能够在不损伤自己的情况下，令他人感到如沐春风，才是真正的好口才。对于这种口才来说，历练和经验是重要的，话语中文采好坏却是次要的。

O2

奥德伦的转移重点法：

声东击西，转移视线

　　这个世界上总有些人喜欢戳别人的痛处、看别人的笑话，有时他们也不是为了幸灾乐祸，只是单纯作出了这个行为。无论如何，每个人都有自己的痛处和短板，被人揭发和公开展示，总会令人感到恼火和无奈。面对痛处被指摘，你该怎么办呢——回答，令自己尴尬；不回答，令别人尴尬。

　　这时，我们可以使用"声东击西"的方法来转移重点。

　　登陆月球是人类科学史上的一座里程碑，而为这个里程碑凿字的人，就是第一个踏上月球的阿姆斯特朗，当时阿姆斯特朗说了一句话，"我个人的一小步，是全人类的一大步"，早已是全世界家喻户晓的名言。

　　而为人所不知的是，第一次登陆月球的太空人，其实一共有两位，除了大家所熟知的阿姆斯特朗外，还有一位是奥德伦，只是奥德伦被阿姆斯特朗抢先了而已。

　　在庆祝登陆月球成功的记者会中，大家就登月之事发表各种祝贺和意见，奥德伦也在人群中间谈笑风生，这时有一个记者突然问奥德伦一个很特别的问题："让阿姆斯特朗成为登陆月球的第一个人，你会不会觉得有点遗憾？"

这时全场都转向了奥德伦，既替他感到为难，又想听听他怎么说。

在全场有点尴尬的注目下，奥德伦却没有表现得很尴尬，他很有风度地回答说："各位，千万别忘了，回到地球时，我可是最先出太空舱的。"

然后他环顾四周笑着说："所以我是由别的星球来到地球的第一个人。"大家在笑声中，都给予他最热烈的掌声。

试想一下，大家一起上了太空艇，一起登上月球，却被阿姆斯特朗抢了先，奥德伦一定是感到尴尬的。尤其被人当面问到，不论回答是还是不是，都不能化解这份尴尬——回答是，会成为他人的谈资；回答不是，又会被认为是虚伪、敷衍。奥德伦很好地化解了这份尴尬，他用的方法就是转移视线，用声东击西的方法使人们转移注意力，从而四两拨千斤地化解掉尴尬。

/// 【经典案例】 ////////////////////////////

在一个盛大的直播晚会上，有一对金牌男女主持搭档来主持晚会。在登上舞台时，男主持走在舞台的左边楼梯上，女主持在舞台的另一边正向男主持走来，与他汇合。灯光师为了追求炫目的特殊的灯光效果，打了很强烈的彩光，此时男主持人正在登台阶，炫目的灯光令他晃眼，他一脚踩空，很明显的一个踉跄，姿势非常难看。

直播间的观众和工作人员都捏了两把汗。这可是直播。没想到男主持人很灵活地跳起来，然后镇静地说了一句话："太坏了。你是不想让我跟女主持会面，嫉妒我这是！你等着！"

大家都笑了起来。女主持人这时已经走过来了，男主持伸出手臂，女主持人配合地拉住男主持人的手转了个圈，礼服裙裾摇摆，女

⊙每个人都有自己的痛处和短板，被人揭发和公开展示，总会令人感到恼火和无奈。

主持人看起来美极了。

底下观众一片掌声。

"看到了吧？急死你！"男主持人还不罢休。

女主持人："行了，咱这说相声呢是吧，那也不能跟一不吭气的说。"

男主持人："是，下面，请听相声……"

台下又是一片笑声，此时大家都忘了前一刻的尴尬，沉浸在男女主持幽默的笑话里去了。

【案例分析】

很多时候，尴尬、难堪的境地都是我们自己造成的，引来了他人的关注，当然无法释怀。这就需要我们在面对突发的尴尬事件时，能够冷静地找到转移大家注意力的办法，而这其中最为重要的，就是我们作为当事人要马上走出窘迫心理，只有这样才能找到办法。否则，当事人身处其中，又怎么会找到处理的办法呢？

/// 【高手点拨】 /////////////////////////////

1. 巧妙地将话题引到自己的闪光处

学会转移重点，需要对自己有清醒的认识与一定的信心。转移重点也不一定是自我嘲笑，有时可以夸奖自己。这不是要我们自大，不是当人们在夸赞你的同事时，你却一定要揽过来自夸一下，而是你懂得辨别那种恶意的发问。当有人问及你的短处时，你能回避问题，并巧妙地将话题引到自己的闪光处。

2. 学会借由对方的话来转移视线

不是所有问题都有答案，也不是所有疑问都需要正面回答。当有人问及你的痛处，或者谈到你不想回答的事情时，除了直接回绝对方，还有一种更好的方法，那就是转移话题的重点，从对方的措辞中发现可以用来转移话题的蛛丝马迹，然后借由对方的话来转移视线。

3. 声东击西的重点是话题要足够有趣

声东击西法需要临场发挥，也需要轻松的心态作基础。声东击西法最重要的是：要"声东"得引人、"击西"得有趣。你不想回答的问题也往往是令人感兴趣的话题，想要成功转移话题，重点就是一定要让你转移开的话题足够有趣，可以让人忘记之前的话题。

3

肯尼迪的借力打力法：
让拳头打回对方身上

工作了的人常常会感受到，在社会上不像在校园里：校园里一切靠成绩说话，而社会上却是多标准来评判你的。有时不是你做得好就可以，你还要能够适应规则和标准。但是即使你样样都很好，也会有人鸡蛋里挑骨头，用你的软肋来刺激你，这时，你会怎样做？当拳头打到你面前，你是接住还是闪开呢？

我国有一个来源于太极拳的古词叫作"借力打力"，就是运用对方击过来的力，巧妙地打回给对方，在不正面对抗的情况下占得先机。

肯尼迪常常幽默地给一些专栏作家写东西，这些东西使这些作家们既受宠若惊，又感到滑稽有趣。一天，肯尼迪收到专栏作家伦纳德·莱昂斯的一封信，信中说目前总统署名的照片每张价格如下：乔治·华盛顿，175美元；富兰克林·罗斯福，75美元；格兰特，55美元；约翰·肯尼迪，65美元。肯尼迪回信道：亲爱的伦纳德：承蒙来信告知肯尼迪亲自署名照片的市场价格。不断上涨的价格现在已如此之高，这实在令人难以置信。为了防止市场进一步萧条，请恕我不在这封信上署名。

在总统候选人的提名过程中，肯尼迪的年轻和孩子般的外表成了一个不折不扣的不利条件。众议院发言人萨姆·雷伯恩就是攻击肯尼迪乳臭未干的几个民主党领导人之一。肯尼迪哈哈一笑，把问题抛到一边："萨姆·雷伯恩可能认为我年轻。不过对一位已是78岁的人来说，他眼中的大部分人都年轻。"

肯尼迪轻松化解了这次尴尬，可是这个问题却没有得到彻底解决，始终纠缠着肯尼迪。

前总统杜鲁门在一次全国性演讲中向肯尼迪挑战说："我们需要的是一个极其成熟的人。"他的说法听起来有力而且不容置疑。

但肯尼迪用逻辑和机智回敬了他的挑战。他说："如果年龄一直被认为是一个标准的话，那么美国将放弃对44岁以下所有人的信任。这种排斥可能阻止杰斐逊起草《独立宣言》、华盛顿指挥独立战争中的美国军队、麦迪逊成为起草宪法的先驱、哥伦布去发现新大陆。"

///【经典案例】////////////////////////////

德国伟大的诗人歌德闻名世界，有一天这位了不起的诗人在公园里散步，在一条狭窄的小路上和一个对他的作品提过尖锐批评的批评家狭路相逢。小路只容一人通过。

没想到这位刻薄的批评家傲慢地看了一眼歌德说："我从来不给傻子让路！"

这个没礼貌的批评家实际上省略了自己的说话，他的推理过程是：第一，我从来不给傻子让路；第二，歌德是傻子；第三，批评家不会给歌德让路。

这个批评家不让路也就算了，还讽刺歌德是傻子。此时，若是一般人碰到了这个批评家，作出的反应往往是痛骂对方："你才是傻子，呸！"然后和他僵持起来

而歌德却没有生气，他笑容满面地让在一旁，对批评家说："而

我则相反。"

歌德"以其人之道，还治其人之身"，他的回答简洁、幽默、含蓄，同时又显示了自己的豁达和大度。

这天，小赖很着急地在工作着，因为进度跟不上，堆了好多工作。他的表情也是很焦虑、紧张的。这时，小赖的一个同事走过小赖身边说了一句："小赖是一个失败者，工作都不能按时间、有计划地完成，真是一个失败者。"

听到同事这么说，小赖很生气，于是他就反驳说："我不是失败者，我不是！"那个同事说："你说不是那就不是了。"而小赖却还在一直说："我不是失败者，我不是！"一直这样说着，直到小赖搬起一台电脑砸在了地上。

【案例分析】

歌德的逻辑是正确的，而且是我们应该学习的；而小赖的做法就是不对的。重复他人的结论是会让自己处于不利位置的，我们必须从对方的结论和定义中跳出来，并且用道理说服对方、压倒对方，哪怕这种道理是诡辩，也要这样做，因为我们必须维护自己的尊严和价值，不能让他人恶意地中伤我们。

古人说："一言可以兴邦，一言可以误国。"可见，口才在社会上的地位是多么重要。借力打力的关键就是一定要借得好，用对方之矛攻对方之盾，使对方自动落败。借力打力最忌讳争吵和辩解，简单的事实就可以打败对方，关键看你会不会说。

///【高手点拨】////////////////////////

1. 让别人搬起石头砸自己的脚

在面对他人无礼的对待时，歌德的回答简洁、幽默、含蓄，讽刺了批评家的同时，又显示了自己非同一般的豁达大度。这正是"以其人之道，还治其人之身"。生活中其实也有很多这样的事情发生，总会有对你不太有礼貌的人，但你面对他人的无礼，不同的处理方法却能收到不一样的效果。如果你能像歌德这样聪明机智地回答，借力打力地化解，那些想要嘲笑你的人就只能搬起石头砸自己的脚了。

2. 在修炼口才的同时修炼心境

借力打力法需要很深的涵养作基础，如果你是一个很容易动怒的人，那么面对他人的冷嘲热讽，即使你拥有足够的智慧和口才去机智地反击他人，也很难克制自己不正面对抗。所以，修炼口才的同时，修炼心境和涵养是不可或缺的。

3. 利用他人话语中的逻辑反击他人

借力打力的关键在于借力，借助他人话语中的逻辑去反击他人。比如杜鲁门的逻辑是他们需要更成熟的人，成熟的人才能做大事，而肯尼迪非常聪明地列举了那些年龄上不够成熟但是却成了大事的人，成功地反击了关于"成熟"的批评。而歌德只是采取简单的逻辑对比，批评家以"不给傻子让路"为理由不让路，而歌德以"我正好相反"为理由让路，这是对无礼的逻辑口有力反击。

04

普林斯顿大学的幽默回复法：

面对嘲笑，不妨四两拨千斤

　　职场中我们会面临各种各样的情况，如果不能恰当应对，很容易有挫败感。所以，职场中人首先要有自我调节的能力，要会保持内心与外界的平衡，不轻易为他人的种种攻击所动。

　　如果你的同事当面嘲笑你，你该如何是好？是更猛烈地还击，还是"君子报仇，十年不晚"？那样的话，集体真的无异于一个战场，而非创造利益、实现个人价值的地方了。但换一个地方工作就好了吗？也不是。是非难以理清，而我们首先得理清自己的心和原则，这样才有嘲笑扑面也不为所动的气度。

　　美国前财政部长罗伯特从小就是学业优异的学生，不过在求学过程中也不是没有遇到过挫折：高中毕业时，他先申请普林斯顿大学，结果遭到拒签（按照名校逻辑，这可能跟他念的是公立高中而不是知名的贵族私立中学有关）。不过，他运气还不错，申请到了哈佛大学这所一流学府。四年后他毕业了，得到优等生及最优学生的评定。

　　君子报仇，"四"年不晚。他故意写了一封信给拒绝他的普林斯顿大学学务长说："我想，你或许有兴趣知道你拒绝的人后来的情况，我只是想告诉你，我是以最优等的成绩从哈佛大学毕业的。"

普林斯顿大学学务长也是一个厉害角色，他说："谢谢您的来信。我们普林斯顿每年都觉得我们有责任拒绝一些资历很好的学生，好让哈佛也能有一些好学生。"

既没有直接地打击对方，却又从根本上没让对方落到好，这就是普林斯顿大学学务长给罗伯特的回应：代表普林斯顿，我愿意承认你的优异；而在普林斯顿与哈佛的竞争比较当中，我却不能让你占上风——哈佛的好学生，也是我们普林斯顿故意不要的——这也回应了罗伯特的嘲讽。

///【经典案例】 ///////////////////////////////

蕾拉是一位女经理人，她能力很强，但可能因为身为女性，总是过于强硬不好，过于绵软也不好，但在蕾拉自己的努力与摸索之中，还是将公司管理得很出色。

公司的效益遇到难题，要裁员。一位员工因为亲属被公司裁掉而在会议上攻击蕾拉，说了非常难听的话。蕾拉气得脸色发白，但最终她并没有作出什么过激的反应，而是对其表示：如果你觉得什么样的方式合理，可以来与我沟通。

后来这名员工私下里向蕾拉道歉，公司按照规定也要给予处分，但蕾拉却帮助员工免除了。

"这不是特权，当然也不是对你勇敢'谏言'的鼓励，我只是将此看作一件小事。你是我的下属，你心情不愉快自然会向我吐露。我能够理解你的心情，当然我也希望你能够理解公司，你觉得呢？"蕾拉的话让员工心服口服。

"这没什么，我得承认我的确很生气，甚至和他一样愤怒，但我想什么情况会让一个人这样做呢？因为亲属受到了伤害。我想如果是我，也许我也很难冷静。这样一想，我就觉得对方是可以忍受的，并且公司裁员也不是一个两个，而是许多，而其他人不这样做，只是因为忍住了而已，所以我又怎么能硬碰硬地去反击他呢？"

拥有这种态度和胸襟的蕾拉最终带领公司渡过了经济难关。而她的领导力影响更大，员工们更信服这名宽容的女上司。

【案例分析】

蕾拉的话里有公事公办的意味，但又没有走公事公办的流程，让闹事的员工受罚。尴尬难堪的场面让蕾拉生气，但也让蕾拉成功地反转，在公司内树立起良好的个人形象，更平息了员工们的怒火。这些全都是蕾拉的职责所在，但是蕾拉将最大的负面影响消除到最小，就是运用四两拨千斤的原理。

/// 【高手点拨】 ////////////////////

1. 用举重若轻的方式待人处事

举重若轻，作为领导，要会把一件影响会很大的事情争取压到最小，因为这样才利于公司内部的稳定、集体的前进。

2. 面对攻击的首要任务是保持镇静

当受到同事的人身攻击时，一定要镇定，因为对方这么做一定是有原因的，因此最重要的是如何解决这个问题，而非逞一时之快，与对方作口舌之战。无论别人如何对待自己，我们都应当守住自己的底线，即，你知道自己不是一个跟人大吵大闹的人。无论在何种情况下，都不要越过自己的底线。

3. 幽默不是纵容对方

面对没有涉及到人身攻击的嘲笑时，用幽默化解是很好的方法，但是幽默不是纵容对方。如果对方一再挑衅，挑战你的底线，对你的幽默视若无睹的话，就可以郑重其事地重申你的态度。总之，幽默是一种方法，但是它不是唯一的方法，看分情况和场合来运用。

第十二章
赞美口才：适时鼓
励，让人奋力前行

01

鲁达斯的鼓励赞美法：

让你的鼓励成为照亮他人的月光

也许只是随口的一句赞美，却让别人铭记于心，甚至成为他人永恒的动力。这在生活中并不少见，一些功成名就的人会想要回头寻找当年给自己温暖与动力的人，而对方却根本不记得自己当初说过的话、做过的事，有些甚至根本是个美丽的误会。

英国作家鲁达斯出身贫寒，他自幼酷爱文学，也写了不少文章，可惜一直未获发表。一日，鲁达斯出去散步，待他想记录下一天的心情时，才发觉包里的习作本丢了。焦急的鲁达斯顺着原路往回找，突然发现一个老太太手里正拿着自己的本子，就连忙上前说："这个本子是我掉的，您能还给我吗？""哦，是吗？里面都是什么呀？"鲁达斯不好意思地说："都是我写的一些文章。"老太太笑了，把本子递还给他："我刚才看了，文章真的不错。知道吗，我能预测别人的未来，你今后一定会是个作家。"然而鲁达斯却并没有将这句话放在心上。他知道，自己没有那个天赋；他也知道，对于贫苦的父母来说，早日工作挣钱对他才是最重要的。

中学一毕业，他就四处寻找工作，当酒店招待，做推销员，干修理工。令他沮丧的是，他总是运气不好，每次都因为一点小事被辞退。后来，在亲戚的帮助下，他进了一家公司做文员，虽然薪金不高，但好歹还算体面。可惜好景不长，公司又倒闭了。山穷水尽的时候，鲁达斯突然想起老太太那句神秘的话。难道自己真的适合当一名作家？他暗自思忖。最后，他下定决心开始构思小说。

创作过程十分艰辛，但他一想起老太太的话，就会增添无穷的动力。终于，他以自己为原型，把这些年遇到的世态炎凉，把穷人的无奈和富人的空虚用一个个故事表现了出来。小说一发表，立刻受到众多读者的青睐。成名后的鲁达斯找到老太太的后人，感激她当年的指点迷津。老太太的女儿瞪大了眼睛："我的母亲根本不识字！"

这是一个美丽的误会吗？也许不是。捡到鲁达斯笔记本的老太太也许认为鲁达斯是一个热爱文学的青年，那么即使是在自己不识字的情况下，老太太也不吝啬自己的赞美，从而让鲁达斯在之后的艰难岁月中想起她鼓励的话，并且付诸行动，最终取得成功。

【经典案例】

安迪曾经是整个社区最惹人讨厌的孩子，其时他的父母离婚，他与年迈的外祖母住在一起，终日里不上学的安迪总是逃课，然后四处游荡，搞恶作剧。几乎每家每户都上安迪外祖母那告过状。

"安迪打碎了我们家的玻璃。"

"安迪把我们家的猫扔进了水里。"

"安迪把我们家孩子推倒了。"

外祖母并不责罚安迪，但外祖母的唉声叹气让安迪也很不好受。

外祖母说："我真的不知道你在想什么。"

安迪茫然地看向窗外，窗外在下雨，对面一栋房子正搬来一户新人家。从车上下来一个女孩，安迪注意到她的动作很奇怪，她在大人的搀扶下走进了屋子。

一天，安迪又逃课了，在路过对面屋子的时候，曾注意到的女孩就坐在走廊里。安迪不由得停下脚步，对方的眼神却还只是看着远方。

"难道你也无视我吗？"安迪气愤地想，捡起一块石头。

"谁在那？"女孩突然发问，安迪猛地停住手里的动作。她，看不见。

安迪一下扔掉石头，"嗨，你好，是我，我是住在对面房子的安迪。"

"嗨，你好，安迪。我是苏珊。"

"你好。"

那个下午，安迪就坐在门廊边上和苏珊聊天。

"看不见的感觉是什么样的？"安迪话一出口就后悔了，但苏珊却笑了笑："大概就是那个样子。"

安迪说："其实看不见也没什么不好。至少看不见别人不高兴的脸，看不到一些不想看到的事情。"

"是吗？可是也看不到阳光和花朵，还有笑脸，不是吗？"

安迪看着苏珊，她的笑容很特别，虽然眼睛看着别处，但微笑始终保持着。

"你为什么不去学校？"

"你又为什么不去学校？"苏珊反问。

"我不想去学校。"

"但是我想。"

"学校有什么好？"

"学校有什么不好？"

"反正我不喜欢学校。"安迪近乎生气地说。

苏珊不说话了。

"你为什么想去学校。"

"因为我想知道别人的生活，从书本上，从身边的人身上。"

第二天，安迪背着书包去上学了。放学回来他就去找苏珊。

"嗨，我去上学了，想听听我学到了什么吗？"

从那以后，安迪每天都去苏珊那里，跟苏珊说自己今天学到了什么，甚至和苏珊一起做功课。和苏珊在一起，安迪体会到了另一种生活，他回到家还会帮外祖母做家务。

有一天，苏珊一家又要搬走。

"我要去别的地方，那里可能会治好我的眼睛。"

"真的吗？"

"嗯，真的。医生是这么说的。"

"那你治好眼睛会来找我吗？"

"会的。不过在我治眼睛的这段时间你要好好念书，等我回来你再教我。"

"可是你眼睛好了就可以自己去学校读书了。"

"不，我要你教我！我觉得你说得很好，在我治眼睛的这段时间里，说不定你就已经出类拔萃了。"

直到安迪考上大学甚至到创业，他始终记着要在苏珊回来找自己之前出类拔萃。历经风风雨雨，安迪成功了，苏珊始终没有回来找自己。终于，安迪决定去找苏珊。

"苏珊当年年底就去世了，她有脑瘤，压迫视神经，她给你留下了一封信。"苏珊的母亲把一封信交给安迪。

"我看过这个世界，我也进过校园，但我最高兴的是我认识了你。安迪，我见过你的生活，并获得过你的陪伴，谢谢。"

"其实在找之前我猜到了会是这个结果，但是……"安迪已经说不下去了，哽咽地说，"我就是想说一声……谢谢。"

/// 【问题案例】/////////////////////////////

"每个月小许的业绩考核总是不合格，他怎么这么笨啊！"开完会后，从会议室出来的同事都这样说。小许当然会听到了。

每天工作前，在办公室，同事口中、领导口中总是说着："每个月，小许都是最后一名，有他垫底，我们就不用担心了。""他也是，怎么那么笨呢？"

在这样的环境中，小许都不知道自己还有没有提高的可能了，反正就是信心不足。

【案例分析】

一片黑暗里即使只是出现一点光线那也是明亮的，正如月光，安迪与苏珊就是互为那道月光，各自为对方照亮一段黑暗中的人生，获得勇气之后各自前行，即使是一个迈向成功，一个是走向死亡。

我们每个人都是需要赞美和鼓励的，因为这体现了我们的价值和能力，也包含着我们努力的方向和动力。很多成绩并不一定就是努力、辛苦作出来的，而是周围的同事、领导的话赞扬和鼓励出来的。

然而，来自外界、他人的赞美与鼓励也许并不是时时刻刻都有，因此，我们就需要有自己赞美和鼓励自己的能力和素质，来赞美和鼓励自己美丽的生活和辉煌的职业前景。

/// 【高手点拨】/////////////////////////////

1. 注意鼓励、赞美他人的方式

贾姆斯博士说："人们天性的至深本质，是渴求为人所重视。"但是赞美他人需要讲究方式，即使鼓励别人，对人好，也得用别人可以接受的方式，而不是让别人感到自尊或者隐私受到了侵犯。鼓励是一种另类的影响他人的方式，事实上，鼓励是最有效的影响他人的方式。你需要根据不同的人、不同的情况、场合来作出不同的赞美。对于开朗的人，只要小小赞美就可令他心花怒放；而对羞涩的人，则需要更强烈的赞美。

2. 把握赞美时的表情和语调

对于人们来说，表情和语调给人的冲击力更大，所以，一定要善于运用你的表情和语调，来增强谈话的效果。比如，当对方谈到自己遭遇到的不幸和灾难时，你应当自然地流露出同情、关心的表情，并适时予以安慰；当谈及对方的思想和工作有进步、有成绩的时候，就应当适时流露出喜悦和欣慰的表情；等等。

3. 鼓励他人的同时鼓励自己

鼓励他人，就是用自身的影响力去说服别人，这首先就需要严于律己，只有先严格要求了自己，那么对别人的鼓励才更可行、可信。鼓励别人的同时也鼓励自己，要保持正面的能量，这样才可以给予别人鼓励。对别人的鼓励也可以振作我们自身的信心，因为我们会从对他人的帮助和鼓励中感到自身的作用，从而更加坚定地走下去。

02

罗杰·罗尔斯的郑重赞美法：

给他人一个了不起的高帽

戴尔·卡耐基曾经说过：迎合别人的兴趣是迈向成功的第一步，如果你想打动别人的心，你就必须谈论别人感兴趣的话题。这是所有人都必须掌握的方法，尤其是商人，这是他们打开成功大门的一把金钥匙。

而管理了曾经最危险的星星监狱的狱长洛斯曾经说过："如若你一定要去对付一个盗贼或骗子，唯一能够制服他的办法，就是对他就像对一个诚实、体面的绅士一样。如果他是个规规矩矩的正人君子，他会感到受宠若惊，会很骄傲地认为有人信任他。"

这两位名人的话异曲同工，充分说明了迎合他人和赞美他人的重要性。

当我们发现他人的优点时，我们应当毫不客气、毫无保留地表达出来，绝不要吝惜对他人的赞美。没有人不爱受到称赞，也许言过其实，也许只是礼貌客气，但赞美具备一种不可思议的力量，我们每一个人在接收的同时也都可以给予。

在纽约声名狼藉的大沙头贫民窟，生活着一群黑人孩子，他们缺少管教，从小就喜欢旷课斗殴、偷窃吸毒。罗杰·罗尔斯是这群孩子中最无可救药的一个，因为他的存在，老师甚至无法将一堂课上完。有人愤愤地诅咒他："恐怕只有他搬进牢房的那一天，这里才会太平。"

这天，他又旷课出去与社会上的流氓厮混，翻过院墙时恰巧撞到了校长保罗。保罗校长没有责骂他，而是拉过他肮脏的小手说："我一看你修长的手指，就知道将来纽约州的州长非你莫属。"他惊呆了。保罗握紧他的手，肯定地说："相信我，孩子！我会看手相的。"

就因为这一句话，他发生了翻天覆地的变化。同伴再喊他打架、逃学，他总是拒绝说："对不起，我是将来的州长。"州长要很绅士，于是他的身上不再沾满泥土，说话不再夹杂污言秽语，而是衣着整洁、彬彬有礼；州长要有学问，于是他开始挺直腰杆走路，努力学习，奋发进取。就这样，他成了班主席，考上了美国著名的大学，成了一名出色的政府官员，51岁那年，他真的当选为美国历史上第一位黑人州长。

关于手相，既没有理论证明其真实可信度，也无理论能证明其不存在。但是校长保罗的话却像是按下了小罗杰·罗尔斯内心的某个按钮，像是一剂药物，发挥了不可思议的效用。这一切都是因为保罗的郑重，是他的郑重让小罗杰愿意相信自己能够成为纽约未来的州长。

/// 【经典案例】 /////////////////////////////

小时候，他就没有父亲，与母亲相依为命。幼年丧父，性格内向，写日记成为他最大的爱好，母亲也一直鼓励他。

"你会成为一个作家。"

一直抱着这个信念，他努力阅读，锻炼写作，因为偏科没能考上大学。母亲安慰他说，"没关系，我相信你会成为一个作家。"

他积极投稿，偶有发表，更坚信了母亲对他说的那句话——他，

⊙当我们发现他人的优点时，我们应当毫不客气毫无保留地表达出来，绝不要吝惜对他人的赞美。

会成为一个作家。

他一边工作，一边用几年的时间苦心写成一本小说，却遭遇出版社的频频退稿。他碰壁了，年近三十的他开始消沉。

"我不会成为一个作家。"

但是母亲依然坚定地说："不，你会成为一个作家！"

他忍不住咆哮道："不，我不会，我的东西根本没有人要，没有人会看。没有人在乎我写的是什么。"

他哽咽着。母亲也流泪了，却还是坚定地说："不，只要你想，你就会成为一个作家。"

刹那间，他像是悟到了什么，收起写过的东西，努力地工作和生活，同时还坚持写作，终于有一天，他的东西被出版社相中，得到了出版。

"你会是一个了不起的作家。"责编尊敬地说。他笑笑："是的，我知道。"

【案例分析】

因为郑重，所以值得去面对，值得去努力。母亲没有任何砝码，所有的只是对自己孩子的一份爱与信心，在自己的儿子失去信心的时候，仍坚定地表示肯定。儿子也不由地坚信：我可以，我要成为一名作家。

在职场当中，不妨用你的郑重与真诚去打动你的工作伙伴乃至工作对手——表现出对伙伴的信任，表现出对工作对手的宽容与大度。

【高手点拨】

1. 表达赞美一定要郑重

因为郑重，所以真诚。郑重地表达某种敬意或者赞美，也许名不副实，但是因为郑重带来的真诚，也会为他人所相信。因为赞美，所以亲近。你主动对他人发出赞美，说明你有关注过对方，即使出于礼貌，对方也不会对你置之不理，这就是建立友好关系的开端。

2. 在激励他人的同时成就自己

鼓励他人亦是成就自己。激励他人走向成功的同时，实际上也是对自己的一种成就。至少在别人的评价当中，你是一个对他人不吝赞美的人。人人都喜欢听到别人对自己的肯定，人人都渴望得到他人的肯定，这就是为什么赞美是如此重要的原因。而对于我们来说，赞美是一个打开他人心门、获取他人信任的一个最简单的办法。

3. 使他人自愿为你的赞美而努力

当你赞美了他人，给他人一顶高帽子，他人会为了不辜负你的期望而努力。你通过赞美在潜移默化中影响了他人。所以，你要想在潜移默化中影响一个人的行为，而不引起他的反感，就要这记住这句话：给他人一顶高帽子，让他自愿去为了配得上那顶帽子而努力。

3

纳京高的黑白赞美法：

让赞美和威胁同时作用

有这么一种工作伙伴：平日里与你打成一片，但在工作事务上却公事公办，不留一点缝隙。

领导在工作事务上似乎对待任务的关注要大于对人的，重压之下员工们完成了工作任务，领导似乎又恢复了往日的风格，该奖赏的奖赏，该吃吃喝喝的吃吃喝喝，似乎先前的苛责都没有发生。员工们在抱怨的同时内心又带着一种愉悦，因为完成了工作任务，也获得了应有的报酬。这种方法是"黑白赞美法"，即赞美与威胁同时存在。

在美国的一个小酒吧里，一位年轻小伙子正在用心地弹奏钢琴。说实话，他弹得相当不错，每天晚上都有不少人慕名而来，认真倾听他的弹奏。一天晚上，一位中年顾客听了几首曲子后对那个小伙子说："我每天来听你弹奏这些曲子，你弹奏的那些曲子我熟悉得简直不能忍受了，你不如唱首歌给我们听吧。"这位顾客的提议获得了不少人的赞同，大家纷纷要求小伙子唱歌。

然而，那个小伙子面对大家的请求却变得腼腆起来，他抱歉地对大家说："非常对不起，我从小就开始学习弹奏乐器，从来没有学习过唱歌。我长年累月地坐在这里弹琴，恐怕会唱得很难听。"那位中年顾客却鼓励他说："小伙子，正因为你从来没有唱过歌，或许连你自己都不知道你是个歌唱天才呢！"此时酒吧的经理也出来鼓励他，免得他扫了大家的兴。

小伙子认为大家想看他出丑，于是坚持说只会弹琴，不会唱歌。酒吧老板说："你要么选择唱歌，要么另谋出路。"小伙子被逼无奈，只好红着脸唱了一曲《蒙娜丽莎》。哪知道他不唱则已，一唱惊人，大家都被他那流畅自然、男人味十足的唱腔迷住了。在大家的鼓励下，那个小伙子放弃了弹奏乐器的艺人生涯，开始向流行歌坛进军。这个小伙子后来居然成为了美国著名的爵士歌王，他就是著名的歌手纳京高。

要不是那次偶然的开口一唱，纳京高可能永远坐在酒吧里做一个三流的演奏者。这一切不仅要感谢那些要纳京高开口唱歌的人，还有一个人，那就是那家酒吧的老板——如果酒吧的老板不是说"你要么选择唱歌，要么另谋出路"，纳京高可能一辈子都不会主动想要去在众人面前开口唱歌。

有时候在公司里，下属向上级立军令状。实际上上级对下属的严厉，不仅是为了公司的利益，也是为了下属的成长。人总是要往高处走的，没有谁想自己的职业生涯是越走越低的，偶尔受到"威胁"式的挑战，实际上对工作是有一定的好处的。

////【经典案例】/////////////////////////

小明刚上幼儿园，对陌生的环境十分不适应，幼儿园的赵老师对小明非常好，总是格外照顾，小明就像跟在妈妈后面一样每天在幼儿园跟在赵老师的后面。

有一天，赵老师给了小明一把钥匙，让他拿着这把钥匙坐在教室里尽量不要乱动，而赵老师自己则要出去开会。小明依言乖乖坐在教室里，其间小朋友们自由玩耍，小明看在眼里，但并不动弹。

小明想上厕所，但是上厕所怎么能带着钥匙呢？小明把钥匙放在板凳上就离开了，从厕所回来，小明发现钥匙不见了。小明呜呜咽咽地哭起来。赵老师开完会赶回来之后得知了这一情况。

"小明，你怎么把老师交给你的这么重要的东西弄丢了呢？现在该怎么办？"赵老师态度变得严厉起来。

小明哭得更加伤心了。

"不要哭了，快去找一找。"赵老师说完就走了。

教室里只留下小明和一屋子看热闹的小朋友，这时候班长小红走了出来："小明，别哭了，你到底弄丢了什么？"

"钥匙。"小明抽抽搭搭地说。

"我好像看见在板凳上。"小刚接话。

"我是放在板凳上的，可是去完厕所回来后不见了。"

"别哭了，我们大家帮你找吧。"小兰发话。

小朋友们一起帮助小明找钥匙，终于在黑板底下找到了钥匙。小明破涕为笑。

小明在小朋友们的簇拥下去把钥匙还给赵老师。

赵老师笑眯眯地接过钥匙，"怎么样？和其他小朋友在一起开心吗？"

小明点点头。

"好了，那以后就不用总是跟着老师了。"

小明不好意思地点点头。

"那回去和小朋友们一起玩吧。"

小明跟着其他小朋友一起回了教室，以后再也没有像小尾巴一样跟着赵老师了。

/// 【问题案例】 ///////////////////////

丘爽是一个很好的老板，从来都不批评员工，哪怕是员工犯了无法弥补的错误，他也从来不批评。他总是鼓励大家，希望大家都能够自觉地好好工作，避免错误，提高效率；而一旦大家做得好，他更是不遗余力地进行表扬与赞美。

但是过了一段时间，丘爽却发现这样一味的赞美与鼓励反而起到了不好的作用：大家工作懈怠、积极性不高，犯过一次的错误会出现第二次，还有些错误一次又一次地出现。这种状况真是令他头疼啊！

【案例分析】

小朋友初入幼儿园不适应、不习惯，感到害怕，总是跟着老师才有安全感，这一点可以理解。但是在幼儿园，终究是要与其他小朋友一起学习和玩耍的，赵老师明白小明应当和小朋友们在一起才对，于是赵老师半带"威胁"地要小明务必找到钥匙。小明在找钥匙的过程当中成功地和其他小朋友建立起了联系，找到了钥匙，也找到了安全感，不再在幼儿园这个集体中感到陌生和害怕了。

小孩子是这样，大人也是如此。这就要求我们要明白赏罚分明的道理，该表扬、赞美的时候，一定要表扬、赞美，否则就没有肯定并认可努力的人的价值和成绩；该批评、惩罚的时候，就一定要批评、惩罚，否则就不会使错误和过失彻底地杜绝。

而一味的赞美与一味的惩罚都是不好的，一定要平衡好两者之间的关系。

【高手点拨】

1. 先引起他人的危机感，然后再安抚

当直接赞美他人不能起到非常好的效果时，不妨使用威胁的方法来激发他人的潜力。赞美威胁法的根本是唤起他人的危机感，在对方使用所用力量后，再对其进行安抚，一下子折服他人。这种赞美和威胁并重的方法适合性格柔顺

的对象，如果对方性格很强烈，威胁反而会起反效果。先揣测对方有可能作出的反应，再作出行动。

2. 把握赞美与威胁并用的尺度

赞美与威胁并用，奖赏与惩戒同在，但要把握一个尺度，有收有放，切忌将严格的要求变成"两面三刀"的情况，那样会令他人产生严重的不满，甚至破坏自身的职业形象，让他人对自身品格产生质疑。

3. 使用竞赛式的奖惩收获效果

通过竞赛，不留情面地进行奖惩，但是又不吝啬对成功和努力的赞美，双管齐下，也可收到不错的效果。"威胁"但也要记着尊重，激将法是一个不错的调动方案，赞美可以留在事成以后。但激将法切忌太过火，不然会收到反效果。

04

托尔斯泰的权威赞美法：

借助权威的激励力量

　　能够在自己的领域内被一些专业人士或者权威人士赞赏，这是莫大的鼓励。受到这样的鼓励会让我们感到自己所做的努力没有白费。能被一个专业领域里的翘楚所赞赏，是所做成绩获得肯定的表现，并且使自己相信所做的一切都是有意义的，更加坚定坚持下去的信心。这并不是只有小人物才有的心态，每一个大人物也都是这样过来的。

　　因此，如果你是一个领导者，那一定不要吝啬对你的下属的赞美，因为你作为一个权威的象征，你发出的鼓励话语相较于普通的夸赞是加倍的，那也会让你的工作更便于开展。

　　而即使你不是一个领导，只是一个普通的员工，但身为一个团队的一份子，你也有义务和责任去给你的工作伙伴加油打气，让你的伙伴们更有干劲，工作更加事半功倍。

　　1852年秋天，屠格涅夫在打猎时无意间捡到一本皱巴巴的《现代人》杂志。他随手翻了几页，竟被一篇题名为《童年》的小说所吸引。作者是一个初出茅庐的无名小辈，但屠格涅夫却十分欣赏。

屠格涅夫四处打听作者的住处，最后得知作者是由姑母一手抚养长大的。屠格涅夫找到了作者的姑母，表达了他对作者的欣赏与肯定。姑母很快就写信告诉自己的侄儿："你的第一篇小说在瓦列里扬引起了很大的轰动，大名鼎鼎、写《猎人笔记》的作家屠格涅夫逢人便称赞你。他说：'这位青年人如果能继续写下去，他的前途一定不可限量！'"

作者收到姑母的信后惊喜若狂，他本是因为生活的苦闷而信笔涂鸦、打发心中寂寥的，由于名家屠格涅夫的欣赏，竟一下子点燃了心中的火焰，找回了自信和人生的价值，于是一发而不可收地写了下去，最终成为具有世界声誉和世界意义的艺术家和思想家。他就是列夫·托尔斯泰。

屠格涅夫不愧是一个文豪，对待一个不起眼的小辈却丝毫不吝啬自己的赞美，并且是亲自找到对方的亲人去当面赞美。姑姑作为托尔斯泰的抚养人，她很清楚屠格涅夫的赞美所能带来的效应，积极将鼓励的信息传送给托尔斯泰，让他受到不同一般的鼓舞，继而将写作坚持下去。

在工作当中也是如此。来自上级的权威赞赏，总是能让员工们干劲十足。来自外部的嘉奖肯定，也能让一个团队更加有动力，更上一层楼。

/// 【经典案例】 ///////////////////////////

艾米是一家跨国公司亚洲部的主管，她有一名下属刚从大学毕业，有才华，也很热情，但是因为年轻没遇到过什么事情，因此很容易气馁。

"我觉得我是不是不适合做这个？"下属委屈地对艾米说。

艾米十分理解下属的心情，在工作之余耐心开导，"没有人生来就被打上适合什么的标签，不要想这个问题，而是用行动去适应。"

"可是我觉得我是出于热情才做这行的。"下属继续自我怀疑。

"热情多重要啊！很多人都不知道自己对什么有热情就参加工作了，你有热情这是一件非常好的事情。"

可是年轻的下属依然心情郁闷。

艾米想到个主意："想知道总裁朱迪遇到这种事情会怎么样吗？"

"就是美国总部的那个朱迪？"下属不敢相信地问。

"是的。我觉得我们可以写电邮去问一问他。"

"真的可以吗？"

"当然可以，这件事就交给我吧。"

过了大概一个礼拜，在下属忐忑地等待中，公司总裁的越洋邮件反馈回来。邮件中，朱迪对下属写了一些鼓励的话，让下属倍受鼓舞。

下属觉得又有力量投入到工作中去了，为公司设计出了十分有创意的作品。这个时候，朱迪的电邮又发来了。

"获知你的成功，真为你感到高兴，我想你会从工作的这种乐趣当中重新找回你的热情。"

在艾米的要求下，下属守着和公司总裁私下通信的秘密，每一天都斗志昂扬。

有一天，艾米去休年假，总裁朱迪突然驾临公司。下属激动地上前表示感谢："没有您，我都不知道会不会坚持到今天。"可能朱迪意外的表情让下属有些奇怪，他补充道："我就是那个给您写信求教的人。"

"是吗？你是……？"

下属于是将写信的前因后果对总裁复述了一遍。

"哦。我想我没有给谁发过这样的邮件，你是不是搞错了？"

搞清楚事情的来龙去脉之后，可想而知下属的失望——原来一切都不是真的，是艾米伪造的。

艾米度假归来。

"sorry……"

"不，别说对不起，是我该说感谢，谢谢您！"下属对艾米深深地鞠了一躬，"您才是我真正的导师。"

【案例分析】

　　艾米对下属百般劝慰，却收不到任何效果。灵机一动，艾米利用总公司高层的名义来鼓励下属，下属果然重新振奋，因为其得到了来自权威的力量，这种激励大于艾米的力量，因此收到了事半功倍的效果。

/// 【高手点拨】/////////////////////////////

1. 恰如其分的权威赞美

　　借助权威给予下属或是同事以鼓励和赞赏，是一件十分利于开展工作的事情。但这个力道和时机要恰到好处，才可以起到鼓舞士气的作用。并且，最重要的一点，是这个权威最好是能够来自同一领域内的，这样会格外有鼓舞作用。

2. 拒绝狐假虎威的权威

　　过多且不恰当地借助权威的力量，很容易形成狐假虎威的态势，带来用权威压制他人做事的效果，很容易适得其反。权威借助的是一种无形的激励影响，而非什么特权或者强制行为。

3. 是赞美也是考验

　　人们之所以乐于接受来自权威的赞美，是因为感到受到了关注。这份关注不仅是一种鼓励，还像是一种考验。人们乐于接受这种考验。人们乐于在自己所信服的权威面前展示自己，为之付出努力。

　　当然，无论是对借助权威鼓励的人还是接受权威鼓励的人来说，动力有多大，阻力可能也就有多大，这之间造成的心理负担也需要被正视，这样才能真正使权威效应发生正面作用。

　　每一部著作的完成都离不开许多人的努力和艰辛的劳动。阅读是一种享受，写作这样一本书的过程，更是一种享受。

　　本书在策划和写作过程中，得到了许多同行的关怀与帮助，也得到了许多老师的大力支持，在此向他们致以诚挚的谢意：于海州、刘杨、陈小立、李月玲、周成功、卫海霞、赵丽荣、王丽娟、刘蕾、桓浩然、代滢、张春孝、侯艳燕等。

　　本书在编纂过程中，参考了大量的文献和作品，也借鉴了他人智慧的精华。在此谨向各位专家、学者致以真挚的谢忱。因为编写和出版时间仓促，以及编者水平所限，书中不足之处在所难免，诚请广大读者批评指正。